Crazy Running

クレージー・ランニング

日本人ランナーは何を背負ってきたのか？

高部雨市 Uichi TAKABE

現代書館

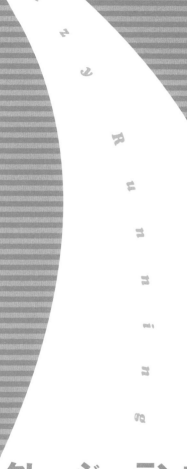

プロローグ

「さあ、次はスポーツニュースです」

満面に笑みを浮かべたニュースキャスターが、スポーツコーナーにふると、それがお約束のように、スポーツの担当アナウンサーがニッコリ笑った。

キャスターたちが、それまで、政治、経済、社会ニュースを、訳知り顔で、あるいは深刻に語っていても、スポーツコーナーに画面が切り替わった瞬間から、スタジオ内のテンションは、一気に緩むのだ。

一九八〇年代半ば、ニュース番組がニュースショーといわれるようになってから、僕はいつも、この瞬間に違和感を持っていた。スポーツニュースやスポーツ番組が、視聴率を稼ぐためのバラエティ路線に舵を切ってから、スポーツという存在のあまりの軽さは、目を覆うばかりだ。

今日、メディアにおいて、二〇二〇年の東京オリンピック・パラリンピックを取り巻く状況が、オリンピックファースト、オリンピック第一とばかりに喧伝されている。錦の御旗、オリンピックの名の下、すべての物事は、暴走車のごとく突っ走っているかのようである。

スポーツの歴史が、政治や戦争、人種や金の問題で翻弄されつつも、それでも僕の中に放棄できない領域を作るのは、スポーツという偽神聖化し曖昧で肥大した表示ではなく、そこで自律し思考し悩み持続し、あるいは挫折した者たちに、人間というものの生き方を見るからである。

一九八八年六月。僕は、市井のランナーを巡る旅に出た。それは、十年余り温めてきた、僕にとってのランニングの源流を巡る旅でもあった。

走ること、それは大自然に生きる掟であり、また、走ることは、単なるスポーツではなく、生きることそのものであり、華やかさとは無縁の、欲望を削ぎ落とした行為だった。そして、〝何のために走るのか〟というテーマ、それこそが自由を図る物差しであったのだ。

だから今、その残瀝《ざんれき》が漂う、一九六四年、東京オリンピックからの走る世界を、僕は書き付け始める。

クレージー・ランニング ＊目次

一章　後ろを振り向くな

　ここに、一枚の写真がある。一九六四年、東京オリンピック大会の、直前の夏に写された、長野県松本市でのマラソン合宿中の写真である。円谷のコーチ、畠野洋夫と肩を組む、円谷幸吉《つぶらやこうきち》の屈託のない二十三歳の優しい笑顔が眩しい。

　円谷は、この三カ月後の東京オリンピックマラソン競技において三位に入賞し、日本陸上界唯一の銅メダルを獲得するのである。しかし、その四年後の一九六八年一月八日、円谷幸吉は、東京都練馬区自衛隊体育学校宿舎において、右頸動脈を剃刀で切断、自らの命を絶った。

　それは、あまりに孤独な、あまりに早すぎた死だった。享年、二十七歳。円谷幸吉、今日、彼の名前をどれだけの人びとが知っているのだろうか。東京オリンピックの栄光から死までの四年間の軌跡を辿る。

　僕が、円谷の名前を知ったのは、一九六四年、十月十四日に遡る。戦後、日本の復興を世界に披露すべく開催された東京オリンピックを、十月十日の開会式以来、当時、中学三年生だった僕は、学校から帰宅すると鞄を放り出して、テレビの前で観戦することが習慣になっていた。

その日も僕は、学校から帰るとテレビのスウィッチを入れ、灰色の画面を喰い入るように見詰めた。しかし、我が家のテレビは、音声だけが先に聞こえて、映像はのんびりと現れてくる代物だったから、モノクロの画像が、画面いっぱいにアップになったときは、今日も故障せずに見ることができるという安堵感が広がったのを、今でも覚えている。

テレビのアナウンサーは、頻《しき》りに聞き慣れない、日本の選手の名前を叫んでいた。

「ツブラヤ、ツブラヤ」

ツブラヤ？　ツブラヤ。僕は、ツブラヤという名前が、どう漢字で書くのかもわからないまま、漠然とした気持ちで画面をながめていた。

今、夕暮迫る国立競技場で、男子一万メートルの決勝がスタートを切るのだ。

画面には、スタートラインに立つ、さまざまな国の選手たちが映し出されていた。選手たちは、緊張で顔を強張らせていたり、硬い笑いを自らに強《し》いたり、また、無闇に隣の選手に話し掛けてみたり、あるいは、悲しい眼指しをずっと先のどこかへ向けていたりとさまざまだった。

そして、そのすべての表情が一瞬停止し、観客の誰もがフッと息を止めたとき、湿ったピストル音がスタンドにこだまし、選手たちがドッと走り出した。

正直に言うと、僕はちょっと気が重かった。なぜなら、一万メートルという長距離を、テレビの前で見続ける気力が僕にあるのか不安だったのだ。

長距離走、マラソンという種目における日本的発想は、学校教育の現場で形づくられる。それは、忍耐、努力、根性の三文字に代表される。僕たちは、その単純な論理の中で、ランニングを強制され課せられた。そして、論理の展開は、集団制という規律の中で呪縛され方向づけされる。

僕たちは何十周、あの校庭という無味乾燥たる風景の中を、整然と、時に掛け声をかけて走らされたのか。教師は、いつも腕組みをして立っているだけだ。しかし、落伍し、その整然たる秩序を乱す者がいると、こう叫んだ。

「バカ遅れるな、皆に付いてゆけ、落伍するなんてみっともないことなんだぞ！」と。

この閉鎖的な狭いランニング観の押し付けによって、何人の子供が走ることを嫌いになるのだろうか。

しかし、男子一万メートル決勝は、僕の中にあった単調で苦行なる長距離走のイメージを、あっさりと打ち砕いてしまった。

一周四〇〇メートルのアンツーカーのトラックの上では、個性的な三八人の連中が、自らの生き方を執拗に表現しようと走り続けていた。

常にその行為が、彼の使命であるかのように、先頭へ先頭へと走り続けるオーストラリアのロン・クラークがいる。クラークに拮抗するように並走する、アベベの僚友エチオピアのマモ・ウォルデがいる。首を少し傾け、胸の厚いチュニジアの軍曹、モハメット・ガムーディは、その黒目がちの瞳に決意を秘めて、二人の背後にピタリと付いていた。アメリカ先住民の子孫、ビリー・ミルズもいた。そして、若きカナダの星、ブルース・キッド、また、ラグビーで負傷し、利き腕の左腕が萎縮し曲ってしまった、ローマオリンピック五〇〇〇メートルの覇者、ニュージーランドのマレー・ハルバーグは、その再現を演じようとしているのかもしれない。ソビエト勢も先頭集団を射程距離に入れていた。

突然、アナウンサーの声が僕の耳に届いた。

「ツブラヤ、今何番ですか。イチ、ニイ、サン……、ツブラヤ八位です。ツブラヤ、いい位置に付いております。ツブラヤ調子が良さそうに見えます」

そして、僕もアナウンサーの叫ぶ、ツブラヤを捜し出そうと試みる。

いた！　ツブラヤがいた、円谷幸吉がいた。先頭に付かず離れず、スポーツ刈りのさっぱりとした頭で、伏し目がちにトラックに目を落とし、腰はやや落ちかげんで、一歩一歩湿ったアンツーカーを捉えながら走っていた。それは決してスピード感溢れ、洗練された走姿ではなく、不器用で見るからに土の匂いのする走姿に見えた。しかし、なぜか、その不器用さが見るものに、なおさら誠実に感じられるのも確かだった。

「十月十四日の陸上競技の最初の日に一万メートルを走って、第六位に辛うじて入ったわけですが、その姿を見ても、幸吉は、五〇〇〇、一万のトラック選手としてずっときたわけです。それが、オリンピックの年になって三月に、中日名古屋マラソンに初出場して、四月の毎日マラソン（オリンピック東京大会最終選考会）で二位になって代表選手になったわけですから、一万メートルはまぁまぁとしても、マラソンについては、これはもう全然、入賞するなんて考えていなかったし、考えられなかったですね」

円谷幸吉の長兄である円谷敏雄さんは、あの日のことをそう語った。

結局円谷は、陸上競技初日の一万メートルにおいて、ミルズの劇的なラストスパートによって、クラークとガムーディとの熾烈な争いが決着を見たとき、その約二〇〇メートル後方を、先頭から三五秒遅れの二八分五九秒四、六位入賞という確かな足取りで淡々と走り終えた。

それは長兄敏雄さんが語る、円谷幸吉の生き方そのもののように見えた。


一九九四年、福島県須賀川市。僕は、生垣のある鄙《ひな》びた佇まいの、一軒の家屋の前に立っていた。暑い夏の昼下がりだった。太陽の光が、アスファルトの路面に白く照射し、ひっそりと佇む町並に拡散していった。生垣には、手入れの行き届いた濃い緑色をした葉が繁り、盛り土した上に建てられた閑静な家を守っていた。

門柱に埋め込まれた白い表札に、横書きの文字が見える。それはまるで〝その人〟を表わすかのように、生真面目に、誠実に、そして控えめに書かれていた。


――円谷幸吉記念館――


僕の脳裏に、三〇年前、テレビのモノクロ画面に映し出された円谷幸吉の走姿が甦った。

悲し気な表情で顔を少し歪めながらも、瞳だけは真っ直ぐに正面を見据えて走る、あの土の匂いのする走姿が……。

玄関を入ると、

「ようこそ遠い所をいらっしゃいました」

と、長兄の円谷敏雄さんが出迎えてくれた。

近所で法事があったという敏雄さんは、白いワイシャツに黒ズボン姿で記念館に招き入れてくれた。

僕が敏雄さんに続いて記念館に入ったそのとき、時代は瞬時にして三〇年前にタイムスリップする。そこには、長距離走者という〝異能な人びと〟のロマンチックで無垢な時代があった。

正面には、大きな額に入れられた円谷二尉の遺影が飾られ、軍礼服姿なのだろう首からは一九六四年、東京オリンピックのマラソンで三位に入賞したときの、銅メダルが下げられていた。

「この目は険しい、一番険しい目をしていますよね。たぶん、防衛庁長官の前だったのでしょう」

敏雄さんは、穏やかに言った。

円谷は、一九四〇年五月十三日、父幸七、母ミツの六男、七人兄弟の末っ子として福島県須賀川市で生まれた。厳格な父親のもとで育てられ、
①呼ばれたら返事を
②人には挨拶を
③はき物を揃える（整理・整頓）
④自分のことは自分でする
この四つが教育の基本だった。

「ただ、私と幸吉は十五歳年齢が離れていましたし、末っ子ということで、確かに躾は厳しかったと思いますが、その辺は我々とは違う対応があったと思うんですよ。まぁ、幸吉のことをひと口で言

えば、素直でね、人の言うことは聞くし、自分がやることは最後までやると、そういうようなことは、私も感じ取ってきたんですよね。あれが人に逆らったっていうことは、私は知らないですよ。我を通すなんてことはまずなかった」

敏雄さんはそう言うと、Ｂ４判ほどの小さなモノクロームの写真パネルを、懐かしそうに見詰めた。

そこには、微笑みながら、少しはにかんだように、ストローでジュースを飲む円谷が、静かにこちらを見ていた。

「これがね、これが幸吉の……、本当に幸吉らしい、私らの幸吉……なんです」

円谷には、一つの逸話がある。それは〝後ろを振り向くな〟ということについてである。この言葉は、幸吉に限らず円谷家の子供たちすべてに対しての、父幸七からの教えだった。

「運動会でも、陸上競技大会でも、人を見ながら後ろを向きながらやるなんていうのは、これは真面目さが足りないんだということですよね。自分の力を信じていないから、そういうことをするんだろうと。自分の力を信じていれば、後ろを振り向く必要はない。自分の力を信じどこまでも走ればいいんだと。それを途中で振り向くなんていうのは、自分の力を信じていないのと同時に、自分の力を惜しんでいる姿だと。相手の様子を探りながら力を加減したりするのは、下の下だというわけです」

と、敏雄さんは追憶する。

そして、円谷は、父幸七の教えを真摯に守った。

円谷の競技歴は、高校時代まで輝かしい戦績があったわけではない。しかし、一九五九年三月、陸上自衛隊に入隊後、水を得た魚？　のごとくに急速に記録が向上してゆき、六一年には、福島県総合体育大会一五〇〇メートルで四分一秒二で一位、五〇〇〇メートルでも一四分四八秒八で一位と、それぞれ大会新、県新記録をつくっている。また、青森—東京間駅伝にも参加、区間最高記録を度々《たびたび》つくっている。そして一九六二年十月の全日本陸上競技選手権大会では、五〇〇〇メートルで一四分二〇秒八、一万メートルでは二九分五九秒と、ともに大会新記録で優勝した。

円谷のコーチ、畠野洋夫は、初めて円谷に会ったときの印象をこう語っている。

「一九六〇年の暮に初めて会ったとき、彼は自衛隊ではズバ抜けていましたが、決してスマートな選手ではなかった。腰の落ちたホーム、頭は坊主頭で、田舎の選手という感じで、朴訥と言う言葉がピッタリの選手でした」

自衛隊という水が、円谷という素朴な花を開花させたのだろうか？　それとも、僕には窺い知れないさまざまな人との出会いと、偶然なる事象が円谷の身辺に起こり、円谷は、言ってみれば〝栄光〟というあえて言えば危うい馬車に乗り合わせたのかも知れない。

一九六三年、円谷はニュージーランドに遠征する。この合宿に、円谷とともに参加した君原健二は、その日々を著書『マラソンの青春』にこう記している。

夢にまでみたニュージーランドは期待通りに素晴らしい国だった。緑の大地は地平の彼方までひろがり点在する街並はしっとりと美しかった。オークランドでの主な練習舞台となったドメイン公園はもったいないくらい広く、いつも美しく清掃されていた。

日本をたつ前は、監獄にでも入れられたような錯覚をおこすほど、目にみえない糸で体をしばられていた。世間の目を意識し、ジャーナリストに追われ、激励という足かせで心の休まるひまがなかった。

だがこの異境の恵まれた自然と誰一人として意識しなくてすむ心の安住は限りない解放感を満たしてくれた。とはいっても観光旅行ではないので厳しいつらいこともあった。しかし高橋監督を含めて総勢一一人のうち、われわれ二二歳組が円谷、重松、佐藤と私で四人もいたから、お互いに励ましたり、慰めたりして心強く合宿が続けられた。

そして、一カ月後、円谷、君原はアスファルトトラックのラブロック競技場で行われた二万メートルの世界記録挑戦会に出場する。

その日の初々しい表情をした若者たちの写真が、僕の心に、忘れかけていた少年のときの感情を思い起こさせてくれる。大勢の観衆がトラックの間近まで迫り、なかには屋根に登って見ている者もいる。レイ・パケットがいる。樽のように胸が厚く肩を上げた独特のスタイルで走るビル・ベイリーがいる。ローマオリンピックマラソン銅メダリストのマギーがいる。そこに個性豊かなランナーたちがいる。そしてその中に、円谷と君原のひたむきな姿もあった。

このレースで円谷は、ベイリーに次いで二位に入り、二万メートルで五九分五一秒四の世界新記録を樹立する。それまで、二度も二万メートルの日本新記録を更新していた君原は、この親友の快挙を祝いながらも、衝撃を受け、今までの自らの練習がいかにうわべだけの魂のないものであったかを思い知らされ、ニュージーランド合宿の残された一カ月は、死にもの狂いで練習したという。円谷幸吉と君原健二、二人は生涯の良き友人でありながらライバルだった。そして二人は、否応もなく東京オリンピックという巨大な渦の中へ引き摺り込まれていった。

円谷は、ニュージーランドから帰国後も、五〇〇〇メートル、一万メートルに次々と日本記録を書き換え、君原もまた、一九六三年、十月のプレオリンピック大会のマラソンにおいて、ニュージーランドのジュリアンに次いで二位に入賞する。

君原は、そのときの感情をこう記している。


翌朝の新聞はけなすもの、褒めるもので、にぎやかだった。〝無暴のペース〟〝若さの暴露〟などの批評には〝燕雀《えんじゃく》に鴻鵠《こうこく》の気持ちがわかってたまるか〟と頭の中で痛烈に反発していたが、私の不可解な心の揺らぎは〝根性の逆転〟〝恐るべき闘魂〟などの賛辞や期待に対しては本能的な防衛態勢をとっていた。人から期待されるということほど、私の心を凍りつかせるものはなかった。

『マラソンの青春（前掲書）』


このような当時の過熱した状況の中で、映画監督黒木和雄は、『あるマラソンランナーの記録』と題した一本のドキュメンタリー映画を製作した。僕は映画の中で、君原が執拗に彼のコーチ高橋進に、無言の反抗をする姿が印象に残っていた。

君原は、当時のことをゆっくりと思い起しながら、静かに語った。

「最初は素晴しい指導者の言うことですから全面的に受け入れていましたが、あの頃には、だんだんと変化してゆきました。当初は、少しでもコーチの言うことはそばで聞きたいと思っていました。ところが、私が昭和三七年、はじめてマラソンを走って二時間一八分一秒で三位という好成績だったわけです。その頃から私に対する期待感がものすごく膨れ上がったと思うんです。けれど私自身はコーチが私を思うほど、私はそんなに優れている人間ではないということを、自分で思っていましたから、コーチの私を思う気持ちとのギャップ、その期待されることがとてもイヤだと思ったし、相当緻密に一年間のスケジュールを見せられ、先のことはわからないし、そういう枠に嵌められることが、とても窮屈に感じられてイヤだったんです。あまりに私に対する期待に、反発心が芽生えてきたわけです」

ドキュメンタリー映画の中の君原の姿は、まさに『理由なき反抗』のジェームス・ディーンであり、アラン・シリトー描く『長距離走者の孤独』の中の、ひょろ長く骨ばったクロスカントリーランナーのスミス少年と二重写しとなって脳裏に残存した。

しかし、円谷は違っていた。円谷は長兄敏雄さんが言うように、人に逆らうことも我を通すこともないままに、〝栄光〟という危うい馬車を疾走させた。

円谷は、六四年に入るとマラソンにも初挑戦する。そのとき、円谷がマラソンに対して見せた強い意欲を、コーチの畠野は思い出すように話した。

「当時は、マラソンを目指していたわけではありませんでしたが、ニュージーランド遠征などで、マラソンランナーと同じ練習メニューをこなしていたので、一度マラソンで、その成果を試してみたいという気持ちが、芽生えたんだと思うんです。初マラソンの中日マラソンの結果は五位でしたが、結構楽に走れたということで、その夜でしたか、円谷がマラソンの最終選考会に出たいと言ってきたんです、約束が違うと思いましたが、意志が堅く私の言うことも聞かない。それで、織田幹雄さんたちの承諾を得て出場することになったんです。選考会の結果は二位ということで、もしこれが、寺澤さんの次の三位でしたら、代表にはなってなかったと思います」

結局、最終選考会の結果、代表選手には、日本記録保持者で選考会三位の寺澤徹、選考会一位の君原健二、そして二位の円谷幸吉が選出された。

東京オリンピックは、六カ月後に迫っていた。国家、国民の期待は一心に代表選手たちに注がれていた。それは、おそらく今日の比ではなかったはずだ。また、陸上競技においては、マラソンが唯一、日の丸を揚げられる種目とされ、圧倒的注視の中にあった。その渦中で、彼らは期待という重圧の中で苦悩する。

「代表になってからは、それは大変なプレッシャーでした。頑張れ、頑張れと……言う声、毎月、三人で合同合宿すると取材陣がたくさん来て、練習だけではなく、日常生活まで取材して行くわけです。そうなると……、頑張らなくてはという気持ちが強くなって……。そういうものが知らず識らずの内にだんだんと、自分にプレッシャーになっていたのではと思っています」

寺澤は、追憶するように話した。

君原は、遠い記憶を辿るように言った。

「異常と言ってもいいような状況の中で、期待に応えなくてはという気持ちがありましたし、期待の大きさに対する辛さもありました。頑張らなくてはという気持ちと、いや、気楽にやればいいという気持ちの葛藤が続きました。また、高橋コーチの期待に反発した時期もありましたが、今考えると、二三歳という若さ、未熟であったと思います。ただ、当時のマスコミは、それでも良識があったと思います」

五〇〇〇メートル、一万メートルのランナーとしてやってきた円谷にとって、本当のプレッシャーは、マラソンの代表になってからだと畠野は言った。

「陸上では、マラソンしかないという雰囲気でした。そういうプレッシャーから逃れるために、最後の合宿は、福島競馬場での秘密の合宿でしたが、そこにも取材陣が来ていて、それはものすごい取材攻勢でした」

一九六四年、十月二十一日、午後一時、天候は曇り。国立競技場を埋めた大観衆の響《ど》よめきが、今、六八人の男たちがマラソンのスタートを切ったことを告げた。

寺澤、君原、円谷もまた、この集団の中にいた。そして、高揚と焦燥を抑えることに苦労していた。

レースは、陸上競技初日の一万メートルで三位に入賞したクラーク（オーストラリア）とホーガン（当時エール）、そして、ローマ大会に続いて二連覇を狙うアベベ（エチオピア）が、五キロ、一五分一九秒というタイムで飛び出し、先頭集団から一筋の長い帯が後方へと繋がった。それは、将来のスピードマラソンの到来を予感させる速いレース展開だった。その後もアベベは、次の五キロを一四分五五秒という、当時としては考えられないスピードでカバーした。この速い展開に、それぞれのランナーの表情は、戸惑いを隠せないでいるようだった。

「レース前、速い展開になることは予想していたんですが。最初の五キロが私が思っていたより速かったんです。そこで、ちょっと速いのではと考え……、気持ちの上でペースを落としたんです。それで二五キロまではいい感じで行ったんです。いつもだと、そこからペースが上がって……。しかしその後、脚が重くなって……。失敗した原因は、スピードマラソンに、私自身に対応する力ができてなかったと思います。折り返して来たアベベと擦れ違ったときは、ものすごく離されたという感じでしたが、第二、第三グループには、最後の粘りを発揮すればと……。しかし、二五キロ過ぎには、もうやめたい歩きたいという思いが……。けれど、歩いたりしたら大変なことになるので、なんとかゴールまでと……。レースが終わったときには、ああ、完走して良かったと思ったんですが、しかし、夜になると、なぜ走れなかったのかと……、なぜ二〇分が切れなかったのかと……。悔しさ、情無さ、惨めさが……、大きかったんです」

寺澤は、静かに吐露した。

君原は、レースの内容はあまり記憶がないと語った。折り返し辺りから体が重くなり、三〇キロでチラリとやめたいという思いが、心に過《よぎ》ったという。しかし、沿道には一〇〇万人の大観衆がいた。

――棄権することはできなかった。

前年のプレオリンピックで優勝したジュリアン（ニュージーランド）が、早々に落ちていった。イギリスのヒートリー、キルビーは、この前半からのハイペースを放棄したかのように、力を後半に蓄《たくわ》える作戦に切り替えたようだった。

二〇キロ、円谷は、シュトー（ハンガリー）、デミシェ（エチオピア）らと、第二集団を形成していた。折り返しを過ぎると、アベベは、クラーク、ホーガンを置き去りにして独走態勢に入り、そのままスタートしたときと変わらぬ表情でゴールテープを切った。二時間一二分一一秒、記録は世界最高記録であり、オリンピック新記録だった。

アベベはゴール後、フィールドの芝生の上で体操を始め、「あと二〇キロ走れと言われたら走る」と、平然と語った。

それからほぼ四分、円谷が二位で競技場に戻って来た。それは傍目にも疲れ切っているのがわかった。腰は、ガクリと落ち、顎が上がり、腕は喘ぐように振られた。しかし、脚はひたすらゴールに向かって進むことを止めることはなかった。

円谷敏雄さんは、その日のことを目を細め懐かしそうに語った。

「競技場におってね、トップグループがいて、そのうちにアベベが抜け出す。また一人、二人とグループを抜け出して、結局、幸吉が最後に第二位にあがりましたって聞いてね、それはびっくりしました。それからが落ち着かないんです。居ても立っても居られないっていうのは、あの心境だと思うんですが、もう、腰掛けてなんかいられるもんじゃないですね。立ってみたもんで、どうしようもないんですが……。そして競技場に入ってきたときはね、それはもう、ゴールに無事に入ってくれればいいなと、そういう願いで応援していましたけどね……」

コーチの畠野は、こう語った。

「一万メートルのレースで六位に入賞したということが、マラソンに気楽に入れたと思うんです。円谷がよく言っていたのは、二五キロから三〇キロで、君原さんや寺澤さんには必ず抜かれる。それまでは我慢してゆくんだと。ところが二五キロ過ぎても来ない。まわりを見ても外国選手ばかり、そこで、自分がやらねばと考えたんだと思うんです」

しかし、円谷のすぐ後ろにはヒートリーが迫っていた。ヒートリーは、その年の世界最高記録を作ってオリンピックに臨んでいた。満を持していたヒートリーのスピードは、明らかに円谷に優っていた。ゴール手前二三〇メートル、競技場を埋めた大観衆の絶叫の中、ヒートリーは、力尽き弱った獲物を捕らえるかのように、一瞬にして円谷を抜き去った。円谷は瞬間、追走するかに見えたが、もはや体は動かなかった。

「円谷は四〇キロあたりで、全エネルギーを費やしていたと思います。三位という結果について、円谷が後ろを振り返れば、ヒートリー選手に抜かれなかったと言いますが、あのときすでに、一〇〇パーセントに近い力を出し切っていたんです」

畠野は冷静に分析した。

円谷はゴールすると、力を使い果した肉体を、芝生に埋めるようにして倒れ込んだ。その表情には、苦痛と安らぎが複雑に交錯していた。

円谷のゴールで国立競技場のスタンドを、熱狂と興奮と、そして、身勝手な落胆が支配していた頃、君原は、四二・一九五キロという遙かなる距離を、自問と自責の中で八番目で走り終えようとしていた。

「私は、レースでは、自分の持っている力をいかに出し切ったかということを、いつも考えていますが、あのレースは未熟であり、併せて、控室で意味もなくバッグからシューズを出し入れしていたことなどを、後からコーチに聞いたりすると、相当上がっていました。レースは慎重に走ったつもりでしたが、後半にきて脚が動かなくなってしまって……。そして、自己記録に三分三〇秒も及ばない。私は、オリンピックのレースで自分の力を発揮できなかった、しかし、それも私の実力だったと……。世界八位という成績につきましても、私なりに納得してオリンピックは終えたつもりです……」

しかし、君原は、あの日のことを日記にこう記していた。

「十月二十一日、今から約一時間余り前にレースは終わった。俺にとって少々みじめなレースであった。しかし成績は正直だ。なんとも言訳なんか出来るわけがない。しかし、俺は世界の選手を相手にレースをするには全く駄目な男だ。こんな大事なレースに俺は何度レースを投げようとしただろうか。全く恥ずべき態度だ」

「十月二十三日、闘い終わって二日、今まで節制していたものを一度に緩めたが、快心の喜び、満足感を感じない。何故だろう。俺が余りにも浅はかだからだろう。

俺の横には素晴らしい成績を収めた人間（注＝円谷選手のこと）が寝ている。すべての人から誉め称えられる。それをみてねたみ、さびしくなる」

そして、君原は、東京オリンピック後、マラソンレースから姿を消すことになる。その間、目標を失ったことによる虚無感が、あるいは死への逃避が頭に過《よぎ》ることもあったという。しかし君原は、自分なりに走ることをやめなかった。やめようとも思わなかった。

君原は、この自我の季節に一人の女性と恋をし、「走ること」の現実の中でも「走ること」の理想を、真摯に追い求めてゆくことを決意し再起するのだった。

しかし円谷は、大衆という名の身勝手な人びとの思いをのせて、あるいは自衛隊という絶対的組織の重い荷物を背負って、〝栄光〟という名の危うい馬車を疾走し続けねばならなかった。

一九六八年、一月八日、円谷幸吉は、両親と自衛隊体育学校関係者宛てに、二通の遺書を残して突然逝った。

作家三島由起夫は、一月十三日付『サンケイ新聞』に「円谷二尉の自刃」と題し、その中でこう書いている。

「それは、傷つきやすい、雄々しい、美しい自尊心による自殺であった」

その二年後に、まさに自刃する三島にとって、円谷の死は、自らの死の価値を正当化し普遍化するための、輝かしい示唆であった。

遺書は、当時の社会にさまざまな推測と感情を残したまま独り歩きを始めた。

僕は、円谷敏雄さんが、「これが私らの幸吉なんです」と言った写真の傍らに、便箋に書かれた遺書を見付けた。文字は所々、陽に焼けたのか茶に変色していた。

父上様、母上様、三日とろろ美味しゅうございました。干し柿、モチも美味しゅうございました。

敏雄兄、姉上様、おすし美味しゅうございました。

克美兄、姉上様、ブドウ酒とリンゴ美味しゅうございました。

巌兄、姉上様、しそめし、南ばん漬け美味しゅうございました。

喜久造兄、姉上様、ブドウ液、養命酒美味しゅうございました。又いつも洗濯ありがとうございました。

幸造兄、姉上様、往復車に便乗させて戴き有難うございました。モンゴいか美味しゅうございました。

正男兄、姉上様、お気を煩わして大変申しわけありませんでした。

幸雄君、秀雄君、幹雄君、敏子ちゃん、ひで子ちゃん、良介君、敬久君、みよ子ちゃん、ゆき江ちゃん、光江ちゃん、彰君、芳幸君、恵子ちゃん、幸栄君、裕ちゃん、キーちゃん、正嗣君、立派な人になって下さい。

父上様、母上様、幸吉はもうすっかり疲れ切ってしまって走れません。何卒お許し下さい。気が安まることもなく御苦労、御心配をお掛け致し申しわけありません。

幸吉は父母上様の側で暮らしとうございました。

僕は、何度も黙読した。しかし、円谷がなぜ死を選んだのか、それはわかるはずもなかった。ただ僕の脳裏には、この土俗的響きを持つ遺書を前にして、東北という大地の上を一陣の風が吹いてゆく、一九六〇年代の日本の農村の原風景が、静かに広がり映し出されただけだった。

僕の知っている事実、それは東京オリンピック後の三年間、円谷がアキレス腱痛と椎間板ヘルニアを病み、そして充たされることのない競技生活を続けていたことだった。

歳月が経ち、円谷の死が多くの人の脳裏から消え去ろうとしていたとき、僕は君原健二に会った。僕は君原に直接、円谷の死について聞いてみたかったのだ。

君原は、深く考えているようだった。そして、言葉を探しながら静かに話し始めた。

「彼の死を聞いて、瞬間的に思ったことは、立場がひょっとして逆になっていたら、私が彼のように死んでしまったんじゃないだろうかと、ふと考えたんです。彼とは同期生で、同じオリンピックを経験し、彼は私とだったら抵抗なくお酒を一緒に飲めたと思いますし、悩みも話せたと思うんです。また、彼は真面目なかたでしたが、結構ユーモアがあって、人を笑わせることもありました。ただ、当時私は、オリンピックなんてどうでもいいんだって思っていました。確かにオリンピックは素晴らしい、けれどそれがすべてじゃないと、私だったら言えたと思うんです。けれど、その頃はお互いに忙しく、そういう話はしませんでした。

私が思う彼の死の要因は、彼の突き詰めた責任感、それが彼を苦しめたんじゃないかと……。メキシコオリンピックの前年に、広島で行われた全日本実業団陸上競技大会でお会いしたのが、最後でした。そのとき、彼はスランプに苦しんでいたんです。ところが彼は、その二日間の競技会で、五〇〇〇メートル、一万メートル、二万メートルと無謀と思えるほど多くの種目に出場しました。しかし、そのすべてが無残な結果に終わってしまって……。競技が終わって、偶然控え室で彼と二人きりになったときに、彼が私に言ったことがあるんです。来年のメキシコでは、もう一度日の丸を揚げるんだと、それが国民に対する約束だというようなことを。ある意味での義務感というのでしょうか。しかし、ヘルニアになり、メキシコを断念しなくてはならなくなり、彼の描いていたストーリーと現実のギャップ、それがあったんじゃないかと……」

僕は君原の言葉を聞きながら、ふと心の中で呟いていた。

「円谷は後ろを振り向いてしまったのかもしれない……」と。

時代というものは、いつも人の心を翻弄させてくれる。そして、時代を操《あやつ》るマスメディアの情報に、大衆は踊り、刷り込まれ、身勝手な期待と激励を無責任に投げつける。円谷もまた、大衆の身勝手な思い〝重い〟荷物を背負って、栄光という名の危うい馬車に乗ってしまったのではないのか。ひとつの名誉を背負わされ、一途な思いの中で、父幸七の教えに背いてしまったのかもしれない。あるいは、君原の吐露する、監獄にでも入れられたような錯覚を起こすほど、目に見えない糸で体を縛られていたのかもしれない。

「死」という宿命が僕たちの目の前に、あるいは究極に必然としてある。誰もがそれを避けて通ることはできない。しかし、誰もが無意識の淡い幻想の中で、生きながらえることを夢想する。

ランニングが、「健康」というキーワードをもったとき、人は「死」から目を遠ざけてきた。

否、ランニングこそが、「死」を明確に捉えることができるスポーツなのだ。「死」があるからこそ、人は愛を感じることができる。

円谷の遺書、そこには愛が満ち溢れていた。

今日、広告代理店が、マスメディアが仕切り煽動するマラソンバブルの時代、ランナーは、円谷の死に何を思うのだろうか。


そして最近、僕はある雑誌の記事の中に、生前円谷が書いたという一文を見付けた。

それは、二六歳の円谷が日本陸連の競技者調書の中で、「今後、マラソンを志す競技者が心がけねばならぬ点について」という問いに答えたものだった。

「人間が造り出した文明の利器に便り過ぎてはいけない。科学的な裏付けは必要であるが、トレーニングその他生活面においては非科学的であった方が、精神面、忍耐、持久の精神が生まれるものと思う。便利主義は人間を弱める、野生的な実力は野生の中に生まれると思う」（原文のママ）
この円谷の文章は、現在の日本のランニングシーンにおいて、非常に示唆に富んだ言葉である。

二章　ランナーという作品

あの日、僕は、知人の食堂で遅い夕食を食べていた。当時の僕は、週一〇〇マイル（約一六〇キロ）を目標に、林道、農道、そしてロードを、早朝と夕暮れに走っていた。あの日は、少々走り過ぎてしまい、夕食の時間が大幅に遅れ、仕方なく外食となったわけだ。

一人、店の片隅で食事をしていると、何度かこの店で会ったことのある農家の青年と目が合った。いつもは、寡黙に酒を飲みながら食事をしている彼だが、今夜は少々酔っているのだろうか。青年は、生ビールのジョッキを片手に、僕に近づいてくると、唐突に言葉をくれた。

「何が悲しくて走るんだい……」

瞬間、僕はすべての言葉を失い、曖昧な笑みを返すしかなかった。

青年は、それから饒舌になり、彼が見る、日々の僕を語り続けた。

僕は、彼の話を頭の片隅で認めながらも、心を支配していたものといえば、「何が悲しくて走るんだい……」という言葉だった。その栃木訛のイントネーションが、グルグルと頭の中を駆け巡り続けた。

そしていつしか……、〝孤独〟という言葉が、僕の心に停止した。

〝長距離走者の孤独〟

アラン・シリトーの描いた世界は、もはや過去のものなのだろうか。

——おれにもクロスカントリー長距離走者の孤独がどんなものかがわかってきた。おれに関するかぎり、時にどう感じまた他人が何と言って聞かせようが、この孤独感こそ世の中で唯一の誠実さであり現実であり、けっして変わることがないという実感とともに。

〝長距離走者の孤独〟の中で、スミス少年は走りながら独白する。

一九七一年、君原健二は、雑誌のインタビュー記事の中で、こう吐露している。

——走っているときって淋しいですか。

「ええ、淋しいときもありますねぇ」

君原は、何を思い淋しかったのだろうか……。

君原は、一九六八年、一月九日、円谷幸吉の死を知ったときの心の思いを、著書『人生ランナーの条件・その4、人の痛みを自分のものに』の中で、こう書いている。

……彼の死を知ったとき、私は歯がゆかった。なぜ歯がゆさを感じたのか、理屈、理論でそれに答えられるような思いではなく、漠然と、無性に歯がゆさがこみあげてきたのだった。

東京オリンピックの二ヶ月前、札幌で行われた競技会で、共に1万メートルで日本新記録を樹立したこともあったと、ふいに思い出した。その後、私たちは会場近くの売店の縁台に腰掛け、ビールで乾杯し喜びを分かち合ったのだった。

円谷選手の死を知った日、私は帰宅してもその死を悲しむというよりとにかく機嫌が悪かった。その理由は女房にもよくわからなかっただろう。女房とは一言も口をきかず、私はグラウンドに出かけていったのである。

歯がゆい気持ちをどう表現したらいいか。悔しさに満ちて、何に対してかもわからないまま「バカヤロウ」と言いたい気持ち、とでもいったらいいだろうか。私は彼の死をそんな複雑な感情で受け止めた。


僕は、あるランニングの会で、こう問われたことがある。

「なぜ、君原なんですか」と……。

そのとき、瞬間、言葉に窮する自分を発見する。僕の脳裏には、今日のスポーツ的な単純で能天気な言葉など浮かんでこなかったのだ。そして、思いを巡らしてゆくうちに、ふと、こんな言葉にふれた。

「朴訥と誠実と、そして外連味《けれんみ》のない……」

それは、宮沢賢治にも通じる〝ジブンヲカンジョウニ入レナイ精神〟とでもいうのだろうか。

僕が初めて君原と出会ったのは偶然だった。確か、高校生のときだった。当時、僕は東京に住んでいて、家の近所にある上野の不忍池に朝のランニングに行ったときだった。ぼんやり走っていた僕の背後から、温もりのある微風が忍び寄り、その微風が、僕の体をふんわりと包んだと思うと追い抜いていった。

浅黒い顔をわずかに左に傾け、短く刈り上げられた髪、瞬間、僕の頭の中がショートして、その人が君原健二であることがわかった。

僕の心の中に、なぜか知らない温かなものが流れた。僕はその温かさが、すぐに消え去ってしまうのではないかという恐れが、ふと湧いて出て、自然に君原の後を追っていた。しかし、どれだけ追えるというのだろうか……。君原は、僕を置いてきぼりにして走り去っていった。そのとき、僕の心の中に残存した思い、それを今でも覚えている。

あまりに何気ない、あまりに温もりのある。しかし、その表情の奥に、僕には計り知れない強い意志を垣間見た思いだった。

一九六四年、君原健二は、円谷幸吉、寺澤徹とともに、東京オリンピックのマラソンに出場し、期待という重圧の中で八位に終った。その後の自責と虚無感が、一時、競技者として走ることを遠ざけた。しかしその中で、君原は、深く思考し自らを高めていった。走ることとは、何なのかを……。

君原は、当時を振り返りながら訥々と語った。

「競技者として、オリンピックという状況の中で、もう再びあのようなことは味わいたくないと考える一方で、東京オリンピックのとき、もう一カ月のうちに一週間から十日くらい合宿をしてました。そういう行為というのは、一方で私の職場の人は仕事をしているわけです。仕事をした後に練習しているわけです。私は、一カ月のうち、一週間とか十日仕事もせずに合宿して、それはもう、あきらかに平等じゃないと、セミプロのようなことをしてきたと。そうするとですね、試合に出て勝ったって、そんなものたいして価値ないじゃないかという、アマチュアスポーツに対する純真性というものを考えていたんです。けれど、高橋さん（コーチ）が上手だったんです。私の興味の持てる試合などを設定して……。そして再び、私は競技生活を始めるわけですが、けれど、この現実の中でも、理想は深く抱き留め、船首だけは、いついかなる時も理想の方向に向けておこうと思ったんです」

かつて、市川崑監督が描く記録映画『東京オリンピック』の中に、こんな場面があったことを僕は思い出していた。

マラソンランナーたちが甲州街道を、苦痛に顔を歪め、あるいは悲しげな目で、そして淡々と走って行く。カメラは、それぞれのランナーの表情を捉えながら、ナレーションが画像に重なる。

［レイ・パケット、ニュージーランド、大工。ロン・クラーク、オーストラリア、印刷会社の会計士……］

そのとき、心の中にこの個性的なランナーたちの背景が、限りなく広がってゆくのを僕は感じた。しかし、今日的状況の中では、競技者において、そこに背景としての職業、生き方が重なることはないのかもしれない。競技者は、どこまでいっても、ただの〝走る人〟なのだろう。それは、かつて旧ソビエト連邦などの社会主義国が、国家の名の下に養成優遇したステートアマチュアと重なる。今や競技者は企業に囲われた〝走る人〟であり、コマーシャリズム（広告塔）という役目を課せられた、経済を背景としての、〝走る人〟なのだろう。走る世界もまた、市場経済の論理の中で、カネという魔力に翻弄されてゆくのだろうか。

一九六六年二月十三日、君原は一年四カ月ぶりに別府毎日マラソンに出場した。この大会は、第七十回ボストンマラソンの代表選手派遣選考会も兼ねていた。風はほとんど無風に近く絶好のコンディション、レースは、折り返し点まで五キロ、一六分台というスローペースで始まり、長いブランクのあった君原には、このレース展開は有利であった。折り返し点を過ぎても、三十人の大集団が第一グループを形成していたが、二八キロ、寺澤がペースを上げ、五キロ、一五分台になると集団は散《ばら》け始め十三人になった。

君原は、かろうじて集団の最後尾についたが、三〇キロでは、先頭集団に、五〇メートル離されてしまう。それでもここからジリジリと挽回し、三四キロで先頭集団に追い付くことができた。しかし、ここまでが限界だった。三五キロでは寺澤に置いてゆかれ、続いて岡部にも離され三位を確保するのが精一杯だった。それでも、記録は自己最高の二時間一五分二八秒。自己最高記録とボストンへの切符を君原は手に入れたが、素直に喜ぶことができなかったという。

それは、「責任」という声なき声が怖かったのだ。

しかし、現実は走り始めていた。派遣されたボストンマラソンに優勝。日本選手は一位から四位までを独占する。そして再び、マスメディアによる賞賛と一過性の大騒ぎが待っていた。

「ヤッタゾ、日本の四選手」「ボストンマラソン日本デー」「みごと日の丸四人男」

君原は、当時のことをこう記している。

――相手不足で勝つべくして勝ったレースなのに、なぜこんなに大げさな騒動をしなければならないのか私には理解できなかった。大会の内容よりも、歴史の長さという虚構に幻惑されて、いかにも大難事を遂行したかのような馬鹿騒ぎではあった。人々は英雄を迎えるかのような錯覚を新聞から与えられて、予想だにしない歓迎で私を戸惑わせた。

君原は再び、その渦中で悩み翻弄されながらも、自らの理想を見失うまいと考えるのだった。君原は、走る喜びについてこう語ったことがある。

「自分の体が一つのランナーという作品のように感じられたときがあったんです。それまでは、単にチームのメンバーとして、強くならなければという使命感で走っていましたが、日々のトレーニングというのは、芸術家でいえば、練習場がアトリエのような感じがしまして、多くの人が見に来てくれる競技場は展覧会じゃないかと。そこで、よりスピードもあり、スタミナもある作品を披露するんだと感じたとき、ランナーとして作品をつくっている喜びを感じ、そこに生きがいを感じました」

また、『一人ではレースにならない』と題し、こうも書いている。

――マラソンでいうなら、レースとは参加した選手が、それぞれの表現を競う舞台でもあるということ。自分にかかわるあらゆる人々との共同作品として、鑑賞に堪えうるような力を発揮することが、競うことになる。完全燃焼の表現を競うといってもいいだろう。

君原は競技者になる前、高校時代に教師や先輩から、トレーニングというものを、こうしろああしろと強制されたことがほとんどなかった。練習というのは、自分の意志で走る。自分が主体的に自主的に取り組むということが、その時代に思いがけなく培われたという。そして、競技者として成長する過程の中で、君原の意志は、ただ単に陸上競技という種目においてのみ能動化するのではなく、彼の行為すべてに表現された。

一九六七年、二月五日、君原は再び別府毎日マラソンに出場した。レースは、五連勝を目指す寺澤を包むようにして、五キロ、一五分四〇秒台の白熱したペースで始まった。

君原はスタート後、自らの気力が今までになく充実し集中していることを感じた。

一五キロで集団は半分となり、二〇キロでは三分の一となった。

大分の市街地を抜け、別府湾が開ける二八キロ付近、君原はスパートした。これを佐々木精一郎が一人追ったが、寺澤、宇佐美、岡部らの有力選手は振り切られ離れていった。

それから四一キロまで、君原と佐々木は並走する。佐々木は途中腹部を何度も押さえ、後退するかのように見えたがしぶとく粘り、君原に一歩も譲らぬ気配をみせ、激しいデッドヒートになった。

しかし、ゴール手前一キロ、今でも僕の脳裏に焼き付いている映像がある。それは一瞬の出来事だった。佐々木が何気なく、いや不用意に、テーブルのコップの水を取ろうとした、その瞬間だった。

君原は一気にスパート、五メートルの差がついた。佐々木は必死に追ったが、差は一〇メートルまで開き、そのままゴールへ飛び込んだのだ。記録は二時間一三分三三秒四、往復路での日本記録であり、国内最高記録であった。

君原は、予想以上の成績に喜んだが、その喜びは長くは続かなかった。期待されるという不安が、心の中に押し寄せてきたのである。

しかし、この結果が一九六八年、メキシコオリンピック出場へと繋がる流れとなっていった……。

オリンピックに対して、君原はこう語っている。

「オリンピックの素晴らしさは、やはり選手村にあったと思うんです。選手村では、朝、もう陽が上がる前から、さまざまなスポーツの選手たちがあちこちで練習を始め、いろいろなスポーツをする人が、村中いっぱいなんです。選手村というのは、ユートピアのような気がしたんです。自由で平等で、本当にこの理想の村で生活できる喜び、それが私にとって最大のものでした。だから、オリンピックは、できるだけ多くの人が経験してこそ、クーベルタンのオリンピック創始の精神に合致すると思っています」

一九四八年のロンドンオリンピックの一万メートルで、また、五二年のヘルシンキオリンピックでは、五〇〇〇、一万、マラソン三種目で優勝した、チェコスロバキアの人間機関車、エミール・ザトペックは、第二次世界大戦後、初めてオリンピックがロンドンで開催されたとき、こう述べている。

「暗い戦争の日々が終わり、爆撃や殺戮や飢餓を経験したあとにオリンピックが復活したときは、太陽が現れたようだった……選手村に入った瞬間から、そこには前線もなければ国境もなかった。

ただ人びとが一同に集まっていた。驚くほど温かい雰囲気だった。人生の五年間を失った男女が、そこに戻ってきたのだ」

君原はまた、オリンピックでただ単に勝敗だけを争うことは、この上ない愚行だとも思っていた。しかし、彼のオリンピックへの思いとは別に、彼を取り巻く環境は、再び東京オリンピック前に味わった肉体的苦痛と精神的重圧を想い起こさせるものだった。

再びのオリンピックへの挑戦に、君原の心は揺れ動いた。しかし、コーチの高橋進は違っていた。東京オリンピックでは未完成に終わった、高橋にとっての作品＝君原を、メキシコで完成させたいという熱い思いがあった。

「人生には青春時代にしかできないことがある。その一つが肉体の限界を極めることである。今おまえがこのチャンスを逃したならば、永遠にこの目標を放棄することになるんだ」

高橋は君原を説得した。

高橋の決意は激しく強かった。

君原は、そのときの気持ちをこう書いている。

――私は（高橋の）期待通りの努力は不可能と思ったが、一応努力してみますと言わざるを得なくなり、無念にも折れてしまったのである。（中略）私は、またもや、自分の意志や理想に目隠しをして、オリンピックという実相のない歯車のなかに巻きこまれる形勢となった。心の底流には、風車にむかうドン・キホーテのイメージを描きながらも、ムラムラと燃える反抗心が炎をあげていた。

しかし、すべてはメキシコオリンピック出場に向かって着実に仕掛けられ進んでいった。八月には、札幌での北海タイムスマラソンに優勝。十月には二二八〇メートルの高地、メキシコシティでのプレオリンピックで二位に入った。が、同年十二月二日の福岡国際マラソンは踵の痛みのために欠場、しかしこの大会で、マラソン史上初めて二時間一〇分を破る大記録（二時間九分三六秒）が、オーストラリアのデェレク・クレイトンによって樹立され、二位に入った佐々木精一郎もまた、二時間一一分一七秒で大幅に日本記録を更新した。

そして、メキシコオリンピックの年、一九六八年は親友円谷の死という思いもよらぬ悲報によって始まったのだった。

その日グラウンドには、何かに憑かれたような、あるいは何かを振り払うかのような、尋常とは思えない君原の走姿があった。

しかし、円谷の酷いまでの純粋な死も、一過性の事実として過去へ追いやられ、メキシコオリンピックは否応もなく近付いてくるのだった。それはまた、再びの苦渋と重圧と、なりふりかまわぬマスメディア的期待と煽りの渦中へ、放り込まれてゆくことだった。そして、自分というものの運命が、自分自身に関係なく支配され、自由という文字がいつしか消えてゆくのを、君原は感じるのだった。

オリンピック代表選手選考過程における泥仕合は、当時から今日におけるまである。それは現在的スポーツというものが、純粋に競技のプロセスや結果から判断、決定されるのではなく、企業、団体、学校、個人における利害、感情といった、ある意味でこの日本を支配する社会構造と酷似している。いや、そのものだ。そこにおける現象は、うんざりとした唾棄すべきものでしかない。

メキシコオリンピックマラソン代表選考過程においても、さまざまな記事が現れては消えていった。それらを、あえて書くつもりはない。そんなことは、この国の有り様がすべてを物語っている。

君原は、宇佐美彰朗、佐々木精一郎に次いで、第三の選手として代表に選ばれた。君原は、メキシコ、そして四年後のミュンヘンは、責任感ということから言えば、東京大会ほど強くなかったという。記録的にも三人の中で一番悪く、三番目の選手という自覚だった。

一九六八年、十月十三日、陸上競技が開始された。標高二二八〇メートルというメキシコシティにおいて、薄い酸素との闘いが始まり、予想通り長距離種目では、ケニア、エチオピアなどの高地国がメダルをさらっていた。

その中で、東京オリンピックの一万メートルで三位に入賞し、その後の四年間を、天翔るランナーとして世界記録を次々と更新し続けた、オーストラリアのロン・クラークが、薄い酸素の中で自らの限界に挑戦していた。

ロン・クラークは、レースにおいて駆け引きなどせず、一途に自らの体力と精神力の限界に向かって、先頭を走るタイプの選手だった。しかし、メキシコ大会は、新しい時代の幕開けでもあった。それは、アフリカ勢の台頭を告げるものだった。アフリカの若者にとって、ローマ、東京とマラソン二連覇を成し遂げたアベベのようになるのは夢だった。

一万メートル、クラークは、東京大会に続き再度挑戦を試み喰い下がったが、エチオピアのマモ・ウォルデ、ケニアのナフタリ・テムの激しいスパートの前には、もはや自らの限界を認め、諦めざるを得なかった。かつて、長距離走の革命児とまで言われたクラークも、その衰えをどうすることもできなかったのだ。

クラークは、自らのレースについて、こう語っている。

「私ほど、先頭ランナーの心にうずまく不安を知りつくしている者はいない。猛烈なペースで四、五周走ったころ、強敵の吐く息を首筋のあたりに感じる。そのとたんに、うろたえはじめるものだ」

また、一九六八年は、長距離走者の代名詞と言われたエミール・ザトペックにとっても試練の年だった。ザトペックは、「プラハの春」と言われたチェコスロバキアの、自由化と民主化のための「二千語宣言」に署名し、同年八月のソ連などワルシャワ条約機構軍の、自由化運動弾圧の軍事干渉に抗議したために、コーチの任を解かれ、単なる傍観者になることを強制されたのだった。

その渦中でザトペックは、自らの走る人生を語っている。

「陸上競技をやったおかげで、真面目で質素な生活ができるようになった。また、ひとつの大きな喜びに達するために努力し、辛いことにもガマンしてきたが、そのなかで、自己犠牲ということも覚えた。アインシュタインは《他人のために生きた人生だけに価値がある》と言ったが、私はこれには、まったく同感だ。人間として一番軽べつすることは無関心。これは死と同じだ。私は、フェアプレーの精神がスタンドのなかだけでなくて、社会全体に及んでゆき、人間がみんな幸福になることを心から望んでいる。私が思う史上最高のランナーは、ロン・クラークだ。彼の一万メートルの記録などは、私が死んだあとまで残るのではないかと思えるほどだ」

後年、エミール・ザトペックは、ロン・クラークの誠実な人柄と長距離走者としての足跡に対して、自らがヘルシンキ大会の一万メートルで獲得した金メダルを譲り渡した。

そして、ロン・クラークもまた、自らの競技生活を振り返りながらこう話した。

「やがて、私にも国際競技大会では走れなくなる日がやってくるだろう。そのときは、私がそうであったように、少年たちと、クラブで走ろうと思う。時にはアドバイスもするが、おそらくレースをしたら私はその若い選手たちに負けることが多いだろう。が、そんなことはどうでもいいことなのだ。幸福というものは勝利ではなくて、自分が力いっぱいやったことの中から生まれてくるものだから……」

一九六八年の長距離走者たち、そこにはまさに、〝長距離走者の孤独〟という言葉が深く投影されていた時代だった。人間は、孤独だからこそ誠実になれ、そして、他者の悲しみに思いを馳せることができる。

メキシコ大会は、アフリカ勢の独壇場となった。一五〇〇メートルでケニアのケイノ、五〇〇〇メートルはチュニジアのガムーディ、一万メートルではテム、三〇〇〇メートル障害では、ケニアのビオットとコーゴが、アフリカ勢の強さを遺憾無く発揮した。彼らの走る姿は、まるでアフリカの草原を駆ける野性そのものだった。

そして、十月十六日、陸上競技スタジアムにおいて、もう一つの強烈な意思表示が世界に向け表現された。

陸上競技男子二〇〇メートル決勝。第一次予選、第二次予選を、二〇秒三、二〇秒二の記録で走り、準決勝でも二〇秒一のオリンピック新記録で駆け抜けたトミー・スミス（アメリカ）に、この日最後の種目、二〇〇メートル決勝で一九秒台の期待が掛けられていた。

三コース、スミス、四コース、カルロス、ともにアメリカ。一回フライングした後、二回目にスタート。前半はあざやかな加速でカルロスが大きくリードした。スミスは、いつものようにスタートは出遅れ、直走路に入ってやっとトップギアに入った。そこから、身長一九一センチ、体重八四キロの体から二メートル六〇から七〇はあると思われる大きく柔らかなストライドで、先行するカルロスを追走。一五〇メートルあたりで並ぶと、一気に抜き去り、ゴール手前一二メートルでは勝利を確信したように、バンザイをしたまま決勝点を駆け抜けた。記録は一九秒八、オリンピック新記録であり世界新記録だった。カルロスも二〇秒〇の世界タイ記録で三位に入った。

事件、いや事実は、この後の表彰式で起きた。

表彰台に立ったスミスとカルロスは、アメリカ国歌の吹奏と星条旗の掲揚に対し、下を向いたまま黒手袋に包まれた拳を、静かに高く突き上げたのだ。それは、アメリカ合衆国における人種差別に対しての、強烈な意思表示であった。

翌日二人は、「オリンピックを穢《けが》すもの」として、アメリカ国内オリンピック委員会並びに、ブランデージＩＯＣ会長率いる国際オリンピック委員会によって、選手村を追放された。

選手村には、〝くたばれブランデージ〟と書かれた垂れ幕が下げられたが、しかしそれは、権威あるものに届くはずもなかったのだ。

君原は、あの日のことをこう吐露する。

「私は、オリンピック村というのは、私も村の住人だと思っているんです。情報の伝達が悪いといいましょうか、村でどういうことが起きているのか、選手はどこでパイプが切れているのかわかりません。我々と同じ村民が追い出されたのですから、決して小さな問題とは思えないのに。それぞれ、立場、考え方は違うでしょうが、あくまで起こった事実、追放された事実、それでしたらどうしてそのように追放されたのか、そういった事実情報が知らされませんでした。選手は、黙って走っていればいいのだという、官僚的というか、そんな匂いを感じ、とても不満でした」

一九六八年の事実へフィードバック

トミー・スミス。僕は、この黒人ランナーの鮮烈な姿を、ときおり、心に突き刺さった棘のように思い出す。彼は何のために走り、何のために拳を突き上げたのか。

一九九二年、二月。

僕は、愛知県にある中京大学に留学中の、三段跳びの世界記録保持者（当時）、ウィリー・バンクスを訪ねていた。

僕は、バンクスに、アメリカにおける黒人アスリートの歴史と現在を、そして、彼のアスリートとしての生き方を聞きたかったのだ。しかし、話は、現実のアメリカにおける黒人の現状へ、そして、トミー・スミスへ移っていった。

一九九二年、時は言うなればカール・ルイスの時代。NHK『プライム10』は、〝バルセロナへの道、カール・ルイス神話へ挑んだ男の10年〟と題し描いた。

その中で、カール・ルイスはこう語っていた。

「アマチュアリズムとは、最も露骨な差別であると思う。それは人種に対する差別であり、貧しい人びとに対する差別である。アマチュアリズムが全盛であれば、勝てるのは裕福な人間だけだよ」

番組では、トミー・スミスも意見を述べていた。現在は、ロサンゼルス郊外のサンタモニカ大学で、陸上競技のコーチと、週一二時間のエアロビクスの講義を持っているという。

彼は、一九六八年の行動で選手生活を絶たれ、決まっていた就職先もキャンセルされ、電話や手紙で脅迫されたことも、一度や二度ではなかった。しかし、黒人の誇りをかけた行為に、今でも後悔はないという。

そして、カール・ルイスに何かメッセージをと問われて、笑顔を浮かべながら、少し皮肉っぽい口調でこう語っている。

「裏庭の桃でも食べにおいでよ。僕は君を弟のように思っているんだ。君の気持ちは僕が一番よく知っているよ」

また、カール・ルイスは、トミー・スミスの行動についてこう言う。

「スミスの行動には批判もあると思うが、人が正しいと信じて行ったことは、賛成はしないまでも尊重されるべきだ。なのにスミスの行動は、黒人に対する偏見によって押し潰されてしまったのだ」

僕は、ウィリー・バンクスに、黒人アスリートが競技をやめた後、どのような生活を送っているのかを聞いた。

「リタイアした後、アメリカ国内において、なぜ、その地位などが保障されていないかと言えば、二つの問題があると思います。一つは、アメリカには金メダリストが多く、価値がない。需要と供給の問題ですね。それともう一つは、競技生活中に、リタイア後、どのような方向に自分は進むのかを考えているかということで、その後はそれぞれの才能によるところも大きいと思います。

ただ、確かに、全体的に言えばアメリカの黒人アスリートが、陸上競技で星条旗をいくら揚げても、アメリカの黒人の地位が向上したとは思いません。そのときだけ私たちはアメリカ人だけれども、アメリカへ帰れば、黒人であるという現実は間違いないのです」

「スミスさんについては、私としても、そのようなことをする気持ちはありました。彼はとても勇気があった。しかし、時代背景というものの中で、多くの人たち、そして、彼の友達でさえも彼を支持しなかったんです。彼が信じていることを、彼の周囲の人たちは、そんなに信じていなかった。何を信じていなかったといえば、国旗に拳を突き上げたっていうことは、アメリカにおいて黒人というものにパワーがあるということ、そして、その行為が注目を集めるということ、そういうことを信じていなかった。確かに大事なことだったんですが……、でも、スポーツ界においては必要ないのかもしれないし……、わからない……。

しかし、彼にとってその行為が大事だったと思うんです。トミー・スミスさんは、とても強い精神を持っているし、真実を言っている。けれど、彼は強過ぎるのかもしれない。多くの黒人は、そんなに強くないんでしょう……。

黒人の中で三〇パーセントは、何もできないし助けられない。彼らは犯罪、麻薬……。六〇パーセントは、非常にハードに働いています。そして、一〇パーセントが金持ち。

この六〇パーセントのハードワーカーの人たちが、何か問題が起こったときに傷つき心を痛めている。トミー・スミスさんは、この六〇パーセントの人たちのためにあの行為を行ったし、六〇パーセントの人たちは、彼の行為によって助けられたと思っています。

私が私を黒人として意識したのは、小学校二年か三年のときでした。一九六三年から六五年くらいにはいっぱいありました。ダウンタウンを私の母と一緒に歩いていたとき、白人の子供が、『ルックマミー』と言って、私の腕を触って、何度も手が黒くなっていないのを、彼の母親に確かめていました。ただ、黒人の中でも差別はあるんですよ。真っ黒、褐色の順で、白に近いほうがイイっていう。差別は無くならないと思いますよ。マイケル・ジャクソンにしても、昔はすごく黒人らしかったけど、今は黒人じゃない。整形手術して白人になりたいみたいね……。〝ブラック・イズ・ビューティフル〟っていう言葉は、白いのがイイという価値観に対する、一つの確かな啓示でした」

オリンピックの年は、さまざまなオリンピックの歴史が振り返られる。

NHK、〝オリンピックの20世紀・アポロンの歌——映像が語る100年の光と影——〟の中で、トミー・スミスはこう語っていた。

「黒い手袋は黒人の連帯を表し、黒いソックスは黒人の貧困を表していました。私自身、当時、大変貧しく家族を養うのが精一杯でした。その上、白人の利益のためにイヤイヤながら戦争（ベトナム戦争）に行って、人を殺さなければならなかったのです。もっとも今は、過去の黒人選手の努力もあって、選手たちの地位も向上したと信じていますが……」

トミー・スミス

「良いことをするとアメリカ人だと言ってくれるが、悪いことをするとニグロだと言われる」

（一九六八年メキシコオリンピック——第19回オリンピックの日記——クリストファー・プレイシャー）

僕は何を語り、何を書きたくて、この一九六八年の事実にフィードバックしたのだろうか。それは、オリンピックの歴史が、ただ単に記録と勝敗と、そして飾りたてられた栄光という、稚拙で単純な図式の中で推移してきてはいないということに気付きたかったからだ。

一九六八年のトミー・スミスの行動から一八年、一九九五年のアメリカの事実と、アメリカの深さと、アメリカの危うさを端的に表現した歌がある。それはもしかしたら、僕たちすべてが抱えている、あるいは抱え込もうとしている事実であり、深さであり危うさなのかもしれない。

トムは言った。
母さん、警官が人を殴っているところ
腹を空かした乳飲み子が泣いているところ
差別や憎しみゆえの争いがあるところ
母さん、ぼくはそこにいるよ
誰かが自分の立場を守るためや
仕事や救いの手を求めて戦っているところ
母さん、彼らの目を覗いてごらん
ぼくはそこにいるよ

（「"THE GHOST OF TOM JOAD"『bruce springsteen』三浦久　訳）

――そう、僕たちは、今そこにいる。

十月二十日、午後三時、マラソンのスタートを告げるピストルが、ソカロ広場に鳴り響いた。コースは、スタートを中央広場に置き、迷路のような街中を曲り折れるコースを辿り、ゴールを競技場に置いた変則的なコースだった。

七二人のランナーが一斉にスタートを切ると同時に、二二八〇メートルの高地における過酷なレースが始まった。

君原はスタート前、亡くなった円谷に代わって走るんだと心に誓っていたが、その想いも今は霞んでいった。スタートしてしばらくは、高地という条件の中、飛び出す者もなく大集団が形成された。しかし、三キロ辺りから少しずつ集団が散《ばら》け始めた。アベベ、マモ、前年のプレオリンピックの優勝者、ローランツ（ベルギー）、史上初めて二時間一〇分の壁を破った世界最高記録を持つクレイトン（オーストラリア）らが、先頭集団を形成した。君原は少し遅れる。五キロは、アベベ、マモ、テムらを中心に一六分四四秒で通過、一〇キロは三三分五五秒二、高地を意識したスローペースだったが、一五キロ、急にスピードが上がって五〇分二六秒。故障を押して出場していたアベベは、このペースに付いていけずに一六キロ過ぎでリタイアした。鉄人と言われたアベベも故障には勝てなかったのだ。二〇キロはローランツが六六分二秒で通過、マモ、テムの高地国出身の選手が続いた。

君原はジョンストン（イギリス）、クレイトン、ライアン（ニュージーランド）、そして日本の佐々木の後方を、自分の順位も不確かなままで走り続けていた。その後、クレイトン、佐々木、そしてローランツが遅れ始め、君原は次第に順位を押し上げて行ったが、この頃から下腹の痛みと便意を感じ始めた。君原は、レースが苛烈になりつつあるときに、もう一つの苦しみに耐えなくてはならなかった。

それは三〇キロ過ぎ、二重の苦しみに悶えながら走っていたときだった。沿道に連なる観客から、「ドス！ ドス！」と叫ぶ声が聞こえた。ドス、二位だ。しかし、すぐ背後には、黒いランニングシャツに黒いパンツのライアンが迫っていた。

七キロに及ぶ長い一直線のインスルヘンテの大通り、極度に疲労した肉体と執拗に繰り返す生理現象、そして、背後に迫るライアンの気配を感じ、それはまさに拷問に等しい感情の苦しみだった。君原のペースは、確実に落ちていた。しかし、ライアンもまた限界だったのか、追ってはこなかった。

競技場のマラソンゲートが見えたとき、曲がり角で後方のライアンとの差が三〇メートルあることがわかった。君原は、ライアンのスパートに強い警戒心を保ちつつ、死に物狂いでゴールへと驀進した。それは、遙かなるゴール、これほど遠いゴールはなかった。

君原は、そのときのことをこう書いている。

——ゴールインの瞬間、意識が遠のきそうだった。だが、崩れかける肉体と薄れかける意識を本能が私を安らぎの場所へとかりたてて直行させた。あれほど私をいじめぬいたシシ身中の虫を退治するために。

夕闇迫るオリンピックスタジアムの表彰台の上に、銀メダルを首から下げた君原の姿があった。マモ・ウォルデ（エチオピア）に次いで二位に入ったのだ。

君原は、スタジアムの歓呼に、はにかんだように小さく手を振り、自らの気持ちをどう表現したらよいのか戸惑っているようだった。

しかし僕には、その姿が彼の人間性を、生き方を精一杯体現しているように見えた。

君原は、その日のことをこう表現している。


——銀メダルを首にかけてもらったときも、感激もなく喜びもなかった。なんとなく空しさが体を包み、現実を見失わせていた。

このレースでは実力のある数多くの選手が高所に順化できないで失敗してしまった。この点、私はメキシコが五回という経験がものをいった。恵まれすぎた予備条件である。スポーツにおいての平等の原則からみて、メキシコの高所障害を経験しなかった者に勝っても価値は乏しい。

そのうえ、私はレースの途中で、初歩的な失敗のため、レースで受ける苦しみ以外の苦しみを味わねばならなかった。そのために私は自分の持っている力を一〇〇パーセント完全に出し切ることができなかった。私は、スポーツの栄光は勝つだけでなく、全力を傾注し悔いのない戦いに終始したかどうかを信条としていた。だから私は失敗をおかしてもらった銀メダルは、ただ幸運によって得られたものに過ぎず、人に自慢するような、そんな素晴らしいものとは、どうしても思えないのであった。

君原健二というランナーは、その訥々とした、あるいは言葉探しの上で、やっと吐露した飾ることのない語りの端ばしに、ただ与えられたものに頷くだけでの人間ではない、強い意志を垣間見ることができる。

君原健二への思いというのは何なのだろうか。僕は、ふと立ち止まる。

一九六〇年代、高度経済成長の真っ只中を、走ることを通して生きてきた、この真摯な走者に僕は何を見るのだろう。

それは輝かしい戦績でも、根性の人でもない。淡々として誠実な人柄と、他者の痛みを理解しようとする生き方、それは繁栄という空騒ぎの中で、人間が忘れてきてしまった何気ない生き方でもあった。

そしてそれは、一九六〇年代から七〇年代半ばまで、長距離走者たちの走る証でもあったのだ。

三章　捨てられた犬の反逆

一九七七年二月、京都マラソン。一人の学生が初マラソンに挑んだ。名前を瀬古利彦。

瀬古は、中長距離走において、高校時代から名を馳せたエリートランナーだった。七六年に早稲田大学に入学すると、早大競走部監督、中村清との運命的な出会いの中でマラソンに転向する。その後、中村の薫陶を得て急速に力を伸ばしていた。

瀬古は、初マラソンを二時間二六分〇秒の一〇位で走り、新人賞を獲得すると、同年十二月の福岡国際マラソンでは、日本人選手トップの二時間一五分〇秒で五位、翌七八年の福岡国際では二時間一〇分二一秒の記録で優勝、以後負け知らずのレースを続け、宗茂、宗猛、伊藤国光、喜多秀喜などのライバルを凌駕し、日本のマラソン界をリードする寵児となりつつあった。

マスメディアからは、苦行僧、精密機械など瀬古をイメージさせるキャッチコピーが喧伝され、瀬古のレーススタイル（先行するライバルの後ろにピタリと付き、ラスト数百メートル程でスパートし勝利を物にする）もまた、持て囃されたのだった。

同じ頃、長野県北安曇野郡池田町の深い山間で、高校を卒業したばかりの少年が、社会の理不尽な仕打ちに途方に暮れながらも、一つの核心を見出そうと走り続けていた。少年の名前は中山竹通。中山にとって、その後の三年間は、不条理な社会に対して復讐を誓った日々だった。

僕が中山の存在を知ったのは、一九八四年、十二月二日に行われた福岡国際マラソンに遡る。僕は、当時の日誌にこう記している。

――福岡国際マラソンで中山選手が二時間一〇分で優勝した。何か、今までの日本選手とは違う匂いを持っている……。

僕はこのレースで、中山竹通というランナーに、何かわからないシンパシーを感じ、その思いを長く持ち続けていた。今思うと、あのときの〝何か〟とは、「凄み」であり「殺気」だったと理解できる。

その後、中山はメディアによって、瀬古と対象化され翻弄されながらも、常に孤高を保とうとしていた。

二〇〇九年十一月十四日、僕は電話のプッシュボタンのナンバーを、確かな指先で押していた。中山に強いシンパシーを持ってから二五年の歳月が流れていた。

僕の耳に、呼び出し音が聞こえた。間を置かず、受話器の先から、中山竹通の特徴のある甲高い声が聞こえた。

僕は矢継ぎ早に、自らの素姓を語り取材を申し込む。

中山は、一瞬、間を置いた後、明確な言葉を返してくれた。

「いやぁ、いいですよ。もう、そういうことは……」

そのとき、ふと中山の著した本の中の、ある一節が脳裏に浮かんだ。

〝日本のマスコミはハイエナみたいなもので……。〟

中山にとって、取材を申し込む人間の多くは、その範疇の人間と捉えられても仕方のない程に、マスメディアに不信感を持っていた。

僕は言葉を探しながら、中山に対する気持ちを訥々と語るしかなかった。

受話器の先には、少しの間静寂が流れていたが、突然その流れを遮断するかのように、明快ではあるが抑制のきいた声が返ってきた。

「わかりました」


十一月二十七日、午後二時、神戸市須磨区にある瀟洒《しょうしゃ》な佇まいの家で、僕は中山に会った。ふとそこに、巷間伝わる中山とは異なる人間性をみる。そこには、鋭い舌鋒ではあるが、繊細で賢明な中山竹通がいた。

中山は、エアコンの温度調整をこまめに設定すると、テーブルを挟んだ向かい側のソファーに座って、僕の最初の質問を待っているようだった。

しかし僕は、余まりにもありふれた質問である、中山と陸上競技との出会いから切り出していた。

中山は少し間を置いてから、当時を思い起こすようにして話し始めた。

「いやぁ、中学生のときは、陸上がしたかったわけでもなく、担任が割り当てて陸上部に入っただけで、走ることに関しては別に無理やりだったし、練習は短距離ばかり強制されて、全然面白くなかったですね。それに、部活に入ると、練習で帰るのが遅くなるのがいやでしたね。家に帰るには、一時間に一本のバスしかないんですから。高校にしても、陸上がしたくて行ったわけでもないし、池田工業高校に特別興味があって行ったわけでもないんで、部員も十人くらい、地方の一般の陸上部なんて、十人もいればいいほうでしたからね。陸上が強くなりたいわけでもないし、ハイ。ただ、そこそこやりたい子が陸上部に集まってやっていて、それでも県ではそこそこの成績だったわけで、別に深く何かを考えていたことはないですね。スポーツに対しても、勉強に対しても、高校の頃は、一番になろうなんて思ったことはないですね。まぁ、普通でよかった」

中山は、自嘲気味に当時の心境を話した。

中山の高校時代の成績は、三年生のときに第三二回国体県予選、少年A、五〇〇〇メートルを一五分四四秒九のタイムで優勝したのが目を引く程度だ。この成績にしても、全国レベルのタイムと比較すると低いということで、県代表として国体に出場することができなかった。しかし、中山はこの頃、池田工業高校の教師であり、陸上部監督の大川賢明と出会った。

大川との出会いが、少なからず中山に影響を与えた。

中山は、一九八八年三月号の『月刊プレイボーイ』のインタビューでこう語っている。

「その先生は（大川賢明）、今まで自分が接してきた中で最も熱心な人で、なんでこんな自分みたいな落ちこぼれ生徒に一生懸命になるのか、最初は不思議でならなかったですね……」

そして、大川もまた中山についてこう話している。

「一年生の頃は先輩もいるし、責任感もないから、気楽に楽しんで走っているという状態ですよ。それでもスピードはなかったけど、持久力の素質はあった。山の奥にある彼の家を何度か訪ねたんだけど、子ども時代からのそこでの生活が中山くんのスタミナと脚力を育てたんだなと、しみじみ感じたものです。

もう、三年になると中心選手。練習は学校だけで、そのほかにはとくにやっていなかったと思うけど、だんだん打ち込みはじめ、三年のときには真剣にやっていました」

大川は、国士舘大学で箱根駅伝に四年連続出場し、区間賞も獲得した長距離走者だった。

しかし、大川は高校生に対しては、ハードなトレーニングをさせないという指導方針を持っていた。未成熟な高校時代に、ハードなトレーニングを強制することによる故障や、バーン・アウト（燃え尽き）などの弊害を考慮してのことだった。

そこには、たおやかで素朴なランニング環境があったはずだ。その環境が後年、中山の礎を作ったといえる。それは成長期において、性急な結果を求め、ハードなトレーニングをしなかったことであり、強制されるのではなく、自ら思考しトレーニングすることが、この時期に培われた。

〝自然は急がすことができない〟

中山もまた、北アルプスの見える深い山間で、風と水と光のリズムの中で育てられたのだ。卒業を前にして、中山は郷里で就職し陸上競技を続けたいと思っていた。全国レベルではなかったが、地元ではそれなりの成績をあげていたこともあり、長野県内で最も強い陸上部がある、大手薬用酒メーカーのYに就職したいという希望を持っていた。

そこで大川は、中山の願いを受け入れ、大川自身が仲介役となり、希望する会社の陸上部監督に接触、陸上部監督も学校まで出向いてくれ、就職は内定との言質をもらった。しかし、土壇場でその言質は翻された。唯一残された薬用酒メーカー東京本社での採用試験と面接も、中山が聞かされていた一般常識という内容ではなく、国語、英語などの難解な問題が出題された。それにもまして、面接で、「試合に出たことはあるのか?」という質問に、中山は打ちのめされる。

三年間陸上をやってきて、県内ではトップ争いをしてきても、国体やインターハイの全国大会に出場していなければ、こんなふうに言われるのか、これが社会なのかと、自分を否定された思いだったと言う。

「学生時代、勉強サボってたのも確かだし、スポーツも、そう真剣にやってたわけじゃないし、それはいいんですよね。それは事実だから。けれど、なんか先入観だけで、第三者に判断されることがイヤだったんです。たとえば、田舎で長男なんだからとか、先入観だけで、その人の人物像を作られるのはイヤだったんです。自分の居た場所なんて、町から一〇キロくらい山奥の所ですから、せいぜい集落に五軒位ずつが、あっちに五軒、こっちに五軒あって、隣の集落へ行くのに距離があって、そんな所で、何をもって一番を目指そうなんて思う人がいます？　いや、思う人なんていませんよ。そこに暮らしたことがないとわからないかもしれないですけど、そこにいて、一番を目指すなんてことは、まずないし。スポーツで一番になりたいわけじゃない、勉強で一番になりたいわけじゃない。それにまして、農業なんかやってて、暮らしなんか決していいわけじゃないし、広大な農地の平らな所を大型機械でバァーッとやるような農業でもない。小さな機械で、こんな斜面の所を起して、その程度でしょ。そうすると、一番を目指すというのが何なのか、スポーツで頑張るっていうのがわからないです、その意味が。だけど一般社会というのは、皆そう思うじゃないですか。一番にならないということは、ダメな奴というレッテルを貼るじゃないですか。そうなると自分としては、目標がないから頑張らないんであって、目標があるなら頑張る。目標がないから頑張らないっていうのが、自分でわかっているわけじゃないですか。なぜやらないかっていう理由が。だけど、社会はダメな奴っていう見方だけじゃないですか。だから、それは違うなっていうのを、証明したかっただけですよ、そういうものを……。目標がないのに、頑張れ頑張れって言われたって、頑張れるわけないですよ、皆さん頑張れるかって。そういうことを理解しない人が多いというか……。だから、じゃあ、ちょうど偶然かもしれないけど、やる目標が見付かったからやっただけですよ」

　固定観念という呪縛の中にある日本的社会によって、中山は、田舎、長男、甘ったれというレッテルを貼られ、その連続性の中で、長男イコール家業継承というカードを切られる。しかし、中山の脳裏にある田舎、長男、小規模農家の現実は、まさに中山の言う、「そこに暮らしたことがないとわからない」という言葉に帰結しているのではないのだろうか。高度経済成長を経た日本の社会は、他者に対する想像力を失いつつあった。

中山は、そういった呪縛から解き放たれ、自由を求めるために走り始めたのではないのか。しかし、その道程は過酷を極めた。

「卒業後の三年間、社会にポーンと放り出されて、今みたいにコンビニのバイトがあるとか、そんなものあるわけないし、働く所がまずないですからね。その中で、もう本当に流されて、そう、もう流されて生きてるようなもんです、本当に……。右も左もわかんなく、ただ流されている。バイトへ行っても、急に明日から来なくていいとか、そんなのしょっちゅうです。そうすると今度は、こっちへ来てくれとか頼まれて、もうなんだか、社会に振り回されているっていうか……。

そんな中で、普通の人、大学生だったら高校出て大学入って、十八歳から四年間って一番楽しい時間じゃないですか。勉強してんだか遊んでんだかわかんないような四年間を、親の仕送りで生きているわけじゃないですか。

けれども、自分は自分で生きて行かなくちゃいけない。高校まではアホでもなんでもいいわけです。親のスネ齧りじゃないですが、とりあえず飯は喰える。それが、パッと自分で飯を喰わなければいけないとなったとき、そこから初めて、勝つこととか、強さとか、そういうことについて真剣に考えるようになっただけです」

地元の大手薬用酒メーカーを土壇場で不合格になった中山は、もはや他社へ就職活動をする時期を失っていた。アルバイトに職を求める以外に手はなかった。大工をしている親戚の手伝いをしたり、三カ月過ぎた頃には、国鉄（当時）に陸上部創設の話があり、受験するも不合格。それでも臨時職員として勤務しながら、何度も受験するが落とされてしまう。しかしその後も、地元の駅などで嘱託職員として駅の掃除、お茶汲みなどの雑務をして働き続けた。睡眠時間は四時間、朝出勤して次の朝まで働いた。事実、仕事に対しての意欲が萎え、生活のためとはいえ、何でここまでと思ったときもあったという。それでも、中山は走ることをやめなかった。

その中山の三年間の日々を、走ることへの痛烈なまでの情念を、僕はどうしても聞いてみたかった。

「その三年間、だいたいの人は走るのをやめるんじゃないかと思いますね。ただ、なんでかわからないけどやめなかった。うーん、まぁ、やめなかったっていうのは、復讐みたいなのがあったんです。それが第一だったですね。復讐て言ったらオーバーですけど、その会社（大手薬用酒メーカー）を見返したかった。とにかく、強くなって見返したかった。そこの陸上部の選手には絶対勝とうと思った。自分をそこまで落としたんだったら、そこの選手たちを虚仮《こけ》にしてやろうと思った。そこからですよ、まずは。俺みたいのに負けたら、もっと最低じゃねぇかっていう、ハイ。それだけですよ、ほんとに最初はそこから始まったんです。まず、長野県の中で自分を落とした会社のチームには絶対に勝ちたい。絶対に諦めないと思っていただけですよ。ただ、トレーニングにおいては、そんな無理なことはしませんでした。そういうことをしても続かないことがわかっているので、いい加減なわりに真剣というか、無茶苦茶な練習をやるっていうことはなかったですね」

中山は、時に激越に語り、時に自らを冷静に分析した。そして、追憶するように再び語り始めた。

「あの頃は、トレーニングの情報がそんなにない時代でしたので、トレーニングの内容は全部自分で考えました。走れる道が一本しかなかったから、そこを一人で往復しました。片道八〇〇メートルぐらいある道で、起伏のある道なんです。北アルプスが、ずっと見える道なんです。白馬からずっと穂高まで見えるんですけど、そのアップダウンのコースを町の中まで下りて行って、また帰って来るというコースを……。もう、イメージトレーニングですよ。イメージを創るだけですよ。自分一人で走っていても、常に相手をイメージして、相手はここでどうするかをイメージするんです。常に自分で応用して走ったんです。だから、マラソンの指導者とか、ランナーに憧れたとかっていうのはないんです。ほとんど誰からも教わらなかったですね」

「北アルプスがずっと……」と、中山が遠い眼差しで言ったとき、不意に僕の脳裏に、その情景が鮮やかに浮かんだのは、なぜだったのだろう。北アルプスの自然に抱かれながら、アップダウンの一本道を一人走り続ける中山を想像するとき、そこには、復讐という言葉を超越した、孤独という名の誠実さが深く投影しているように、僕には思えた。

「インターバルトレーニングは嫌いでしたね。目的がわからない。一〇〇メートルを三〇本とか、二〇〇メートルを二〇本だとか、興味もないし、今は、ある程度、なぜこういう練習をするのかということを教えるじゃないですか。昔は何もないから。グラウンドでインターバルをやったことはないですね。インターバルていうものに対して、あまり必要ないなっていう感じでしたよね。インターバル的なトレーニングに関しては、ほとんどがロードでやりましたね。ジョグ（jog）イコール、スピードプレイと、すべて感覚的に練習していくわけです。普通だったらインターバルは、誰かがタイムをとってくれて、ストップウォッチを見て数字を読み上げてくれるけど、そうじゃないんですよ。自分でスタートして、自分がやりたいときにブワァーッと行くというか。それでまた疲れたらスーッとスピードを落として、またペースを上げたいと思ったら、バァーッと押して行って、繰り返し繰り返し自分なりにイメージしてトレーニングを行う。動物的な感覚というか、自分を研ぎすまして走る。だから、決まったことをやっても、一プラス一は二ではダメ。要は、人間のやることは機械じゃないから、あらゆる人に対応しようと思ったら、その時その時、常に頭の中に第三者を描いておかなければ……。一人だから、常にイメージを創ることによってトレーニングするしかないんですよね。常に架空なものを想像してトレーニングするんです」

ふと僕は、中山に獰猛さと沈着さを併せ持つ、野性の本能を嗅ぎ付けていた。

「それは本当に、ケニヤやエチオピアのランナーと変わりない感じですよ、やっていることは。今の日本の選手たちは、なんていうか……、教科書を見ながら、こうやって理論で……、それでは、もう遅いんですよね、本当に。一瞬のうちに感覚的に行動に移しながら練習していかないと。一人だとそうなるんです。一人でやっていると、自然が相手の練習をしていくしかないんです。自然のものを使いながら、そこにある自然のアップダウンを使いながら、常にどうして行くかっていうことを。自分の周りには、この道しかない。これが正しいトレーニングかなんてわからないんです。誰も教えてくれるわけじゃないし、何もないから。このトレーニングが正しいかどうかっていうのは、自分が試合に出て、初めてこの方法が正しいか間違っているのかがわかるんです。自分のトレーニングが間違っていたというのはないですね。たとえば、テレビとか新聞に載るレースは絶対に失敗してませんね。なぜなら、これをミスしたら自分の将来がないから、絶対に成功させないといけないものだから。自分の運命に係ることなんです。失敗したら、自分の人生が変わってしまうんです。道が開けていかないんです。自分をアピールしていかなければ、次のステップはないんです」

中山の極限の核心とは裏腹に、あの三年間は、中山にとって重苦しい日々でもあったはずだ。小さな集落を走れば、口さがない人々が「変わり者」と陰口を言い、「親が苦労しているのに、あの息子は……」という声も聞いた。誰も助けてくれず、相手にもしてくれず、誉められたことなど一つもなかった。不規則な仕事の中、練習スケジュールをこなすことが難しいときもあった。それでも、大町と北安曇野の合同陸上競技協会、「大北陸協」に所属して駅伝に出場し、長野県縦断駅伝では、区間賞、区間新と堅実な戦績を残していた。

「自分が、どうやって生きて行くかっていうことが大切ですよね。個というか……。今の選手だったら集団とか、日本的に言えば集団の中で役割があって、『ここ』っていう居場所があるのかもしれないけど。自分みたいに、ポッと放り出されたら、そんな役割も何も、もう自分が全部やらなければいけないわけです。自分は監督であって、コーチであって、選手であって、誰も給水してくれるわけじゃないし、ストップウォッチで記録をとってくれるわけじゃない。自分が時計を見ながら、全部自分でやらなきゃいけない。高校、大学とエスカレーター式に来た強い選手だったら、周囲がみんなお膳立てしてくれるから、別になんとも感じないかも知れないですけど、弱くて、ポーンと社会に放り出されたら、もう、それなんて、もう野犬みたいなもんですよね。早く言えば今まで飼われてた犬が、急に飼えなくなったからって、ポーンと捨てられたようなもんですよね。そうなったときに、もう頼るとか、そんなものはもうないんです。依頼心は全部なくなります。そうなると、やっぱり結果を出していくしかないし、証明していくしかないわけですよね。証明していかなければ、わかってもらえない。どんな苦労しても証明していかなきゃいけないんです。だから、本当に寝る時間も惜しんで走り、食べ物がどうとか関係ないし、何喰おうが走らなきゃいけない。睡眠不足で、立ち喰いそば食べて試合に出て、脱水症状で倒れたこともありましたよ。それでも走るのはやめなかった。走るのをやめたら、自分の武器が何もなくなってしまうんです」

捨てられた犬の孤独を、おまえは想像できるのか。中山は、僕の喉元に鋭利なナイフを突き付けるかのように吐露した。中山は、日本的社会が構築した属、俗、族、あるいは閥、それらに絡みとられた従属的な集団性に、反逆の炎を燃え上がらせた。

一九七〇年代半ばから八〇年代始め、時代は空騒ぎのバブル経済への序奏だったのだろうか。そこには、日本株式会社が強固な学歴、序列社会と集団的社会を構築し、個というエネルギーを排除する社会が仕上がりつつあった。それは、バブル経済から今日のグローバル経済を仕掛けた者たちにとって、好都合な時代がやって来たことを意味した。

社会を当時まで遡れば、七五年、不況は深刻化し、完全失業率は一〇〇万人を突破（二〇一三年には二七〇万人）。七六年には、ロッキード事件で田中角栄元首相が逮捕起訴されるが、一方、競馬の有馬記念で一レースの馬券売上げが一九〇億円の日本新記録を達成、また、一等一〇〇〇万円、四〇本の宝くじが発売され、各地の売り場には、射幸心を焚き付けられた客が殺到し大混乱になった。

ランニングに目を遣れば、アメリカからやってきたジョギングがブームになり、七七年の青梅マラソン（三〇キロ）には、俄仕込みのランナーが一万人参加、完走率は五五％、死者やケガ人が続出した。七九年には、初の公式女子マラソンとなる第一回東京国際女子マラソンが開催された。そして八〇年、銀座昭和通りでは、自動車運転手が一億円を拾うという、まさにバブルを予兆させるミステリアスな事件もあった。

そして時代は、ハングリーから、まやかしのバブル経済へと加速して行くのだった。

こんな時代の中、オリンピックもまた政治によって翻弄される。

七二年のミュンヘン大会（当時西ドイツ）では、ブラック・セプテンバー（黒い九月）を名乗るパレスチナゲリラが、選手村に侵入、イスラエル選手団宿舎を襲撃し、選手、コーチらに多数の死者が出る大惨事となった。七六年のモントリオール大会（カナダ）は、国際的非難にもかかわらずアパルトヘイト（人種隔離政策）をとり続ける南アフリカとラグビー交流を続けるニュージーランドの招致が問題の焦点だったが、ＩＯＣ（国際オリンピック委員会）は招致を撤回せず、この結果、アフリカ中南米諸国がボイコット、開会直前に帰国した。また、この大会は、モントリオール市に一〇億ドル（約三〇〇〇億円）の巨額な赤字が残され、市民はその返済に約三十年を費やした。

そして、一九八〇年、モスクワ大会（当時ソ連）は、ソビエト連邦のアフガニスタン侵攻に抗議するアメリカの要請で、モスクワオリンピックボイコットが呼びかけられ、日本を含む六二カ国が同調し不参加を表明。オリンピックは、米ソ超大国の対立という冷戦構造の中で蹂躙されるのだった。

瀬古利彦は、ボイコット騒動の渦中にいた。瀬古は、七九年十二月に行われたモスクワオリンピック選考レース、福岡国際マラソンに、練習の疲労がとれず体調の悪い状態の中出場する。四〇キロで、一度はトップに三〇メートル離され諦めかけるが、一キロ手前で追い付くと、競技場に入ってラスト二〇〇メートルでスパートし、薄氷を踏む思いで優勝した。

このレースの結果、瀬古はモスクワオリンピックのマラソン代表に選ばれるのだが、アメリカに同調した日本のボイコットが決定し、不参加を余儀無くされるのである。

当時、コメントを求められ瀬古はこう語っている。

「残念だけど、驚いてはいません。代表に選ばれたのですから、期待してくださった国民の皆さんにご恩返しのために走り続けます」

僕は、このコメントに違和感を覚えた。

柔道の山下泰裕など、他競技の選手たちが、参加を切々と訴え、中には慟哭して抗議する選手がいる中、瀬古の平然とした言葉、いや、平然というより感情の稀薄さに違和感を覚えたのだ。

そのとき僕は、瀬古の背後に中村清監督の影を見るのだった。

後年、瀬古は自著でこう書いている。

――本当は僕だって柔道の山下君（山下泰裕）のように悔し泣きをしたかった。確かにオリンピックのためだけに練習してきたのではないが、オリンピックという大きな目標に向かって練習してきたことも事実である。ちょうど脂の乗り切った時期だった。結果はともかく、モスクワで一度オリンピックを経験して……。

瀬古もまた、自らの人生を政治という訳のわからないモノに、翻弄されたのだった。

ボイコット騒動の余韻が残る八一年三月、中山は、富士通長野に職を得る。中山が富士通長野に入る切っ掛けには伏線があった。

富士通長野の陸上部コーチ、牧野義夫は、中山が高校三年のときに長野県国体予選五〇〇〇メートルで積極的な走りで優勝したレースを見て、中山に興味を持った。そこで、池田工業高校陸上部監督、大川賢明に勧誘の声をかけたが、そのときは大手薬用酒メーカーに入れそうだと聞き、それ以上、アプローチすることはなかった。その後、中山が就職に失敗し、その中でも諦めずに走っていることも伝え聞いていた。時を経て、大川から「まだ採ってもらえますか?」との電話があった。その頃、牧野は強い選手が欲しいと思っていた。また、会社も力を入れ始めた時期でもあったので、中山の採用は何の問題もなく決まったという。

「高校卒業して三年間は、本当にどうしようかと思ったときもありますよね、本当に。だけど、三年間、一歩ずつ目標を上げて、自分の可能性にかけて、努力すればいつかは変わるというか……。そうすると、誰か見てくれている人がいる。理解してくれる人がいるんですよね」

中山の前に、一条の光が射し込んだ瞬間だった。しかし、当時の富士通長野は、いわゆる企業内にある一般的な陸上クラブという程度のチームだった。中山にとって走る条件は良くなったが、勤務時間は午前八時から午後五時まで、残業もあり会社からの特別待遇は一切なかった。

中山は、そういった環境の中でも、コーチの牧野のもと、結果を出すために凄まじい程の努力をした。

牧野は、こう語っている。

「中山の凄さというのは、努力する精神力の凄さ。自分が強くなるためには何をすればいいのかよく知っていて、人の倍の練習を隠れたところでしている。うちの練習の基本は一〇マイル（一六キロ）で、普通の選手ならそれだけで疲れて限界になってしまいます。しかし中山はほかの誰に言うでもなく、当たり前だと思って練習する。冬の早朝でも雪のなかを黙々と走っていた。中山は天才だったという人もいるが、素質もあったのは確かだけど、何もしないで強くなるわけはない。半端じゃない努力をしたから強くなったんです」

この年の九月、中山は長野県選手権大会で五〇〇〇メートルを一四分三五秒七、一万メートルを三〇分三四秒八でともに優勝。翌八二年三月には、信濃毎日三〇キロロードレースで一時間三五分一三秒で三位入賞という結果を残したが、心の中には、現状に対するさまざまな感情が芽生えていた。

「富士通に入ってから……、絶対に、こういう人にはなりたくないっていう人が、一杯いるんですね。わかるんです……。まだ二十代で燻っているっていうか、チマチマと生きているっていうか、そういうのが見えてくるんです。そんな人生、どこが面白いのかって思う。そう、今はもっと肥料を与えて土壌を良くしなければいけない時期なのに、修行のまた修行なんだから。若いときは、人生を賭けたほうが夢があるじゃないですか。ただ、雲の上の目標なんて作ったたって、達成できるわけないんで、やっぱり一歩上がったら、もう一歩また目標も上げていく、一歩一歩上げていって、その可能性ですよね。それと、富士通では（特別待遇が）ない中で、何をするかということを学びましたね。ないから勝たなくていいわけじゃなく、ハンデがいくらあろうが、レースでは同じ条件になってしまうわけじゃないですか。ゴルフみたいにハンデがあるわけじゃない。アマチュアも、どんなにプロ的にやってる人も、自分たちみたいに仕事をしながら走ってる人も、もう、スタートラインに立ったら同じ条件じゃないですか。そう考えたら、やはり、やんなきゃ仕様がないって考えますよね。いくらそこで騒いで、ハンデくれなんて言っても、じゃあ、あんたは何メートル先からスタートしていいなんて言ってくれない」

中山にとって新しい環境、会社という組織に入っても、あの三年間に培われた自らの思いを捨て去り、迎合することはできなかった。その強烈な個性は、凡庸な人びとには理解されなかった。

「あの頃は給料は一〇万いかなかったし、その中で食費などの生活費を支払い、その上で練習の靴、ウェアなどにお金を使わなければならない。会社でも、上の人たちにはよく言われましたよね。『何が面白くて走ってんだ』ってね。雪の中を走っているのを見た人は、『あいつ馬鹿じゃないか。あいつ馬鹿だぞ』なんて言われてましたよ。だけど、これで終わりたくないっていうのもあったし、まだ頂上まで行ってない。行き着く所まで行ってみたい。とことん登り詰めてみなかったら面白くないというのがあるじゃないですか。中途半端じゃ終われないし、なんか、やれるんじゃないかという確信があったんです」

八三年、中山はこの年の二月六日に行われる、中日三〇キロロードレースで結果を出すために、全力を傾注していた。トレーニングは、早朝五時半から二〇キロ、就業を終えた夕方五時からは、陸上部のチームと一六キロ走り、その後も一人走り続けた。その努力があって、三位に入賞し、記録は一時間三一分五〇秒、当時としては、一流のハイレベルの記録だった。

しかし、中山が走ること、結果を出すことを突き詰めれば突き詰める程に、組織という集団の中で浮き上がり、軋轢が生じてしまう。それは陸上部内でも同じだった。みんな一緒という同調意識、あるいは長い者に巻かれろという思考停止の従属的日本社会の縮図がそこにあった。

中山は、心の底に降りて行くように静かに言った。

「楽なほうへ流れて行くわけじゃないですか、世間一般は……。うーん、そこそこはイヤですね。安っぽい夢は、いらないっていう気がするんです。ずっと……」

中山の富士通長野での、二年三カ月の日々が終った。

僕は黙って、中山の顔を見詰めていた。そして不意に、理由のない苛立たしい感情が湧き上がってきた。その苛立たしさは、中山の言葉に当たり前に反応し、訳知り顔でその場に身を置いている僕自身にだった。

中山は、僕の窺い知れない背景から、言葉を発し続けている。

僕は、ふと立ち止まり思いを巡らす。すると、僕の脳裏に一つの言葉が、ゆっくりと浮かび上がってきた。

〝ハングリー〟、もはやこの言葉は、見せ掛けの充足感の中にある日本社会では、死語になったのだろうか。

時にボクサーは、ハングリーであると言われる。ジョー・ルイス、モハメッド・アリ……。そして、差別と貧困への反抗を、星条旗に拳を突き上げるというサイレント・ジェスチャーで表現したトミー・スミスもまた、ハングリーの凄みを持っていた。

ハングリー。今、僕の目の前にいる中山竹通には、この言葉が深く投影されていた。そして、僕は問いかける。中山にハングリーを問いかける。

「環境？　うーん、同じ環境で育った子供たちは、他にもいたわけです。だから、環境それだけじゃないですよね。それは、それぞれの体験、育ち方もあるだろうし……。親に、ほったらかしにされていたから。通知表なんか見せたこともないし、自分で判押して学校へ持っていって提出してたから。親は通知表見たこともないし、親は忙しくてそれどころじゃないんです。自分のことは自分でやりなさいって言われて、そういう教育だったんです。自分で全部やってたから……。高校時代も自分で弁当詰めて通っていたし、裁縫も中学のときからできたし、別に依存心も依頼心もないし。あるのは、自分だけと思ってるし、誰に頼りたいと思っていなかったし、頼れる人もいないし、自分が動くしかないと思っていましたから、ずっと。一人になればわかるんですよね、自分が動かなければ、どうにもならないっていうのがわかります。放り出されると、待っててもダメなんです。果報は寝て待てなんて言うけど、果報なんて全然来ない。絶対に自分がやらないと、どうにもならないんです」

僕は、あるランニングの会で、出席していた著名なランナーたちに、今日の日本選手たちにおけるハングリーについて質問したことがあった。そのときの言葉を要約すれば、「豊かな時代に育った選手たちに、ハングリー精神を求めるのは無理です」との意見だった。そこには、ハングリー、イコール貧困という固定観念があった。

果たして、ハングリーとは貧しさという概念で捉えるだけなのだろうか。いや、そうではないだろう。ハングリーとは、現状に満足せず、常に苛立ちと飢餓感を持ち、自分の将来に一筋の光明さえ見えず闇の中にいるように思えても、決して諦めることなく死に物狂いで努力する。それが、ハングリー精神ではないのだろうか。

中山は、北アルプスの見える一本道を走りながら、〝ハングリー〟という宿命を背負った。そして、走ることを武器にして、一歩、一歩、自らの核心に向かって登り始めていった。

一九八三年七月、中山はダイエーに移籍する。ダイエーは、同年三月に陸上部をスタートさせたばかりで、選手の勧誘を積極的に進めていた。ダイエーのコーチ佐藤進は、中山が中日マラソン（名古屋男子三〇キロ）で出した記録を評価、注目していたこともあり、移籍は難題もなく決まった。当時のダイエー陸上部は、朝一〇キロ走り、九時から三時までの勤務後、再び練習というスケジュールだった。中山のそれまでの月間走行距離は五〇〇キロ、しかし〝世界一を目指す〟佐藤コーチのもと、一気に倍の一〇〇〇キロになり、過酷なトレーニングの日々が続いたが、中山にとってそれは、谷間に留まるのではなく、自らの核心を成就させるための新たなステップだった。

八三年十二月、福岡国際マラソン。中山は、初マラソンに挑戦する。中山にとって福岡は憧れの大会だった。市内に入ると歓迎ムード一色で、自分の感情が昂っているのがわかった。

レースは、二〇キロ過ぎで足が重くなり集団から離されてしまうが、三〇キロ、佐藤コーチの「記録が出るぞ」の声、すでに苦痛は増し、棄権しようと思う程だったが、残り一二キロを辛うじて走り切りゴールした。記録は二時間一四分一五秒、一四位だった。このレースでは、瀬古利彦が優勝する。中山は、スタート地点で瀬古とクロスするが、特別なオーラを感じることはなかったという。

翌八四年には、ロサンゼルスオリンピックが開催され、瀬古はマラソンの代表選手として出場するが、オーバートレーニングによる血尿「出血性膀胱炎」や、体調不良により一四位に沈んだ。

中山にとっての二回目のレースは、同年九月、福岡から九カ月後の海外レース、ソウル国際マラソンだった。

暑さの中、三〇キロまではトップ集団に加わるも、その後両膝の裏側に痛みを感じ、三二キロ辺りで遅れ始め、途中靴を脱がされるというトラブルもあり、ようやく二時間一五分四五秒で三位に入った。しかし、帰国すると主催者によるコースの間違いが判明、レースは無効、記録は幻となったが、そのことが新聞で大きく報道され、中山にとっては嬉しいアクシデントとなった。

中山には、転機となるレースが、二カ月後に迫っていた。

一九八四年十二月二日、福岡国際マラソン。中山は招待選手として出場する。レースは、イカンガー（タンザニア）が先行すると思われたが、前半集団は動かず、二〇キロを過ぎた所で中山がスパート。追走したのは児玉泰介とハイルマン（当時東ドイツ）だけだった。三〇キロで児玉が遅れ始め、三六キロまではハイルマンと併走するが、その後、ハイルマンも力尽き後退していった。中山は、自分が先頭を走っていることが信じられず、何度も後ろを振り返りながらゴールした。記録は二時間一〇分〇秒、憧れの福岡で初優勝を果たした。中山は、このレースでマラソンが見えたといい、また、どうすれば記録が出るのかを、体で覚えることができたという。

そして、中山の快進撃が始まる。自らの核心に向かって頂上まで、行き着く所まで……。

中山は当時の状況を、登っているではなく、決して止まってはいないと表現した。その上で、どのようなレースをするのかについて、こう話した。

「レースは、こういうふうに走るっていうのは、基本的にないわけで、そう言うことは陸連が言うことであって、三〇キロまでは集団で行って、そこから抜け出してなんて、それはあまりに理想を描いているだけで、そんなことは一般の人も考えている。それは理想っていうか、一番手っ取り早い想像というか、一番楽な理想なんですよね。だけど、人間社会て、そんなもんじゃないだろうって思うわけです。それは突っ走って終わる人もいるし、いきなり下からウワァーッて来る人もいるかも知れないわけで、それはわからないわけです。もっと人間味があってもいいんじゃないかと思うし……、いろんなことを考えなきゃいけないんじゃないかと思うんです。ある意味プロなんだから、プロだったら言葉は汚くっても、正直、金も欲しいし、だけど一応サラリーマンじゃないですか、会社あっての自分だから、いろんなことを考えてレースをしなきゃいけない。作戦というか手段を考えなくちゃいけない。そうなると、ただ集団の中でワァーッといても、そんなもの受けないんですよね。そんなレースいくらやったって。そんなレース、ダイエーでやったって受けやしないし、中内さんの前でそんなレースしたって、たぶん受けないですよ。あの人の前でそんなレースしたって、受けないし興味もないだろうし、やっぱり中内さんに合ったレースをしなくちゃいけないんです、正直。そうですね、そのことは基本的に考えていました」

ダイエーで中山は、一般社員と同様にそれぞれの職場に配属され働いた。それと共に、会社からは、「三年でトップになれ」という指示を受けていた。そして、中山の言葉の端ばしに、ダイエーのCEO（最高経営責任者・当時）中内功の名前がでてくる。ふと僕は、中山が中内の生きてきたプロセスと人間性に、強いシンパシーを感じていたのではないのかと思った。

中山は、ダイエー時代の自らをこう表現した。

「スポンサーが会社であり、自分はダイエーというネームを付けて走っているわけですから、会社が一番喜ぶことをしていく、愛社っていうか……、時間から強化費から支援を受けて走っているわけですから。だから、今この会社は、どういう方向に進んでいるのかを考えたときに、社員もそういう方向で考えていかなければいけないと思うんです。そうすると、スポークスマンじゃないけど、マラソンでテレビに二時間と少し映るわけじゃないですか、そこで自分なら、マラソンという競技で会社の姿勢というのを見せることができるわけです。その二時間で、どうアピールしていくか、その走り方が会社の姿勢でもあるわけです。それをしないっていうことは、会社の方針がわかってないということですよね。自分だったら、もう、中内さんがこういうイメージだろうっていうことはわかっているので、それをやって見せただけです。それは自分のためでもあるし、会社のためでもありますよね」

ある時期、中山にとってダイエーは、中内功そのものだったのではないだろうか。中内の意識、行動を規範として、自らが走る行為を通して体現しようと思った。中山は、ダイエーという組織ではなく、中内という個人に共感し走っていたのではないだろうか。僕は中山の話を聞きながら、そんな感概に捕われた。

中山は、自らを走ることで会社に雇われたプロだと考えていた。しかし、プロといっても日本選手の価値は甚だしく低い。ランナーとして一流を目指すなら、二十五歳までに一気に上り詰め、三十歳くらいまで一線を維持しなくてはならない。勝てなくなれば競技生活に終止符を打ちお祓い箱だ。走ることしか知らない人間を、会社は面倒など見てはくれないのだ。一般社員が五十歳、六十歳までサラリーマン生活を継続できるとしたら、その半分の期間に経済的基盤を得なければならない。

二十五歳を目前にして、中山は一線級のマラソンランナーと肩を並べた。後はひたすら上り詰めるだけだった。

一九八五年四月、広島、第一回ワールドカップマラソン。中山は代表選手に選出される。中山は、この大会を好機と捉え、同じ長野県出身の、伊藤国光との合同合宿にも積極的に参加し、一流選手の練習方法などを貪欲に吸収しながら、レース当日を迎えた。

広島県営陸上競技場、気温一八度、マラソンにはやや暑いコンディションの中、スタートは切られた。前半はいつも通りタンザニアのイカンガーが、集団を引っ張るように先頭を走るが、三〇キロになる頃には、先頭集団は九人にしぼられていた。中山は、ライバルたちの動きを見ながら、スパートの機会を狙っていた。それは、あの北アルプスの見える一本道で培われた。野性の感覚を研ぎ澄ますときでもあった。

三二キロで中山はスパート、宗猛、イカンガー、ハイルマンが脱落して行く。しかし、アーメド・サラ（ジブチ）は、一度は遅れるが追い縋り、四〇キロまではデッドヒートが続いた。しかし、今度はサラが引き離しにかかる。中山は顎が上がり始め、もはや追走するには限界だった。サラは競技場に入るとさらに差を開き、そのままゴールテープを切った。続いて、中山がゴール。記録は二時間八分一五秒、世界歴代三位であり、瀬古利彦が持つ日本記録を二三秒縮める日本最高記録だった。

しかし、喜びも束の間、アーメド・サラに負けたのは、スピード不足が原因との指摘を、日本陸連から受ける。この頃から、中山の心に陸連への不信感が生まれてくる。それは言うなれば、権威に対する反抗であり、不服従だった。そしてそれは、あの三年間に培われた、中山の絶対的志操でもあった。

——おれはどんなことがあったって奴らに見せつけてやるんだ、誠実とはどういうことかを。

（『長距離走者の孤独』アラン・シリトー）

「宿命っていうか、ただその、努力しなきゃわからないじゃないかっていうのがあると思うんです。いきなり走って、遅かったらダメだなんて言ってしまったら、終わりじゃないですか。一年後、二年後にはわからない。そこまで見て、まずは様子を見てろって思うんです。這い上がるっていうことも大切なんだから。もう、底辺にいたらダメな人間だなんて、それは間違いだろうし、助けてくれる人がいなかったら、本当に自分の力で這い上がりますけどね」

中山の凄さは、陸連の指摘を単に無視するのではなく、逆に先鋭的に対応し、確かな結果を出すことである。ワールドカップマラソン後、中山は、スピード強化に取り組みヨーロッパに遠征、ノルウェーのオスロで、五〇〇〇メートルに一三分四三秒八〇の自己新を記録している。

しかし、世界は激烈なまでに動き進化していた。中山が世界歴代三位、日本最高記録を出した同じ月の二十日、オランダのロッテルダムマラソンで驚異的な記録が樹立された。ポルトガルのカルロス・ロペスが二時間八分の壁を破り、従来の記録を五四秒も短縮する二時間七分一二秒の世界最高記録を出したのだ。それは中山にとって衝撃だった。手の届く所まできた世界最高記録が、再び大きく一分以上開いてしまったからだ。中山は焦りを感じ、もはや今までと同じやり方では世界では通用しない、さまざまな能力を高めなければと、新たな決意をするのだった。

九月、ソウル国際マラソンに出場、前半からスピードを意識したレース展開で二時間一〇分九秒で優勝するが、未だスピード不足の解消までには不十分だった。

八六年二月、東京国際マラソン。この大会には、世界最高記録を出したロペスが参加することもあり、過熱したマスメディアは、ロペスvs.中山と煽り立てた。しかし、中山は、大会二週間前の練習で公園の柵を跳び損ね左足首を捻挫、とても走れる状態ではなかった。その後、さまざまな治療を試み馬肉湿布によって足の熱が引き、レース当日には走れる状態まで回復した。

中山は、このときのマスメディアの対応について、こう語っている。

「選手の体調など全然お構いなし。マラソンをよく理解し、観察すれば、それなりの記事を書けると思うんだけど、上っ面だけしか見ないマスコミにはうんざりさせられる。敵は選手だけじゃなくて、マスコミはもっと強敵だよ」

中山はレース前、ロペスの絞り切れていない体を見て、マークすべき相手ではないと判断していた。

レースは中山の考えていた通り、ロペスは一九キロで棄権し、タンザニアのイカンガー、エチオピアのデンシモ、メコネンと三〇キロ過ぎまで競り合う展開になった。三五キロ、中山がスパートするが三人は離れず、三九キロでは逆にイカンガーがスパート、結局そのままイカンガーが優勝、二位デンシモ、三位メコネンと続き、中山はメコネンから四秒遅れの二時間八分四三秒で四位に入った。上位四人が八分台というハイレベルなレースだった。

「自分は、ああいうレース展開が好きでもなんでもないんです。だけど、僕はスピードランナーじゃないし、どちらかというと持久的ランナーだから、瀬古さんと同じことをやっても受けない。瀬古さんは、ラスト二〇〇メートルくらいまで付いて行って、最後にバァーと出ればそれで勝つかも知れないけど、そんなことやっても自分は勝てるわけないから、真似事をやってもダメなんです。物真似じゃダメなわけですよ。物真似は二番にしかなれない。そうなると瀬古さん的戦略ではダメだから、どんどんどんどん前へ行く戦略を、最初に持ってこないといけないわけです。どんどん速くなる。瀬古さんの反対をやらなきゃいけない。スピードランナーは距離に不安なわけです。スピードを出せば出す程、今度は乳酸が溜まってくるから、当然、距離に不安が増す。最初からのハイスピードには弱いんですよ。

後は、度胸の問題です。こっちが潰れるか、相手が潰れるか。喰うか喰われるかで生きているんで、考え方が甘い選手が多いんです。高校、大学を特待（特別待遇）できたエスカレーター人間は、だからダメなんだと思うんです。素質があるとか能力があるとかなんて、どうでもいいことなんです。これで俺は飯を喰っているとなれば、それを達成しなければしようがないんです。今はそれを忘れてしまっている部分があると思うんです」

中山は、スピードにこだわった。しかしそれは、瀬古のような瞬発的スピードではなく、持久的なスピードを高めることにこだわりを持っていた。レースでは、いつもラストになって置いていかれてしまう。この問題を克服するために、一万メートルで二七分台の記録を出すことに重点をおいて、トレーニングに取り組んだが、国内のレースでは二八分台、あと数秒が短縮できないでいた。

中山はこの間も、理不尽な形で派遣されたソウルアジア大会に出場。ライバルのいない中、スタート直後から一気に飛び出し、途中計時では、六分台、七分台も視野に入る程の走りを見せ、自己二番目の記録二時間八分二一秒で優勝した。しかし、陸連への鬱積した感情が心を支配し、純粋に喜ぶことはできなかった。

当時の心境を、中山は自著でこう語っている。

――一九八六年夏のヨーロッパ遠征から帰ってきて、自分は十月のシカゴ・マラソンに出るつもりだった。この大会は賞金レース、しかも海外の強い選手とも走れるので一石二鳥の試合なわけです。ところがそのためのトレーニングを開始していた矢先に、日本陸連からアジア大会に出場して欲しいという要請があった。それまでこの大会に日本からは二時間一二、一三分程度の二線級の選手を派遣していたんだけど、韓国などもかなり強くなってきており、メダルを確実に取るためには一線級じゃないとダメになったので、僕に白刃の矢が当たったということなんだ。本心をいえば、僕は国のために走っているわけではないんだし、自分のために走っている。きれいごとは嫌なんですよ。国の代表なんていう名誉だけで競技を続けることはできないんだから。

ところが、陸連側が付けた条件があった。

「ソウル・オリンピックまでは、ほかにはいっさい日の丸を付ける試合に出なくていい。この大会が終わったらオリンピックまで専念していい。だからアジア大会では走ってほしい」というもの。それならしょうがないということで、その言葉を信じて出場することにしたんです。

アジア大会には、瀬古も参加していたが、マラソンではなく一万メートルに出場、レース途中から歩いて三位に入っている。その後、瀬古はシカゴ・マラソンに出て優勝。その結果を聞いたとき、中山は憤りを感じたという。しかし、中山の怒りを増幅させたのはそれだけではなかった。日本陸連は、アジア大会に出るときの約束を一カ月で反故にして、広島で開催される第一回ワールドチャレンジロードリレー（国際駅伝）への出場を要請してくるのだった。

リレーメンバーは、駅伝に対応できるスピードランナーという構成ではなく、優勝できるチームではなかった。当時最強といわれた、瀬古の所属するヱスビー食品の選手は一人も参加していなかった。結果は四位、優勝はエチオピアだった。マスメディアは、負けた負けたと書き立てた。

中山は、こう吐露する。

「日本陸連は、瀬古さんを中心に回っていた」

そしてそれは、権威（陸連・マスメディア）に庇護されるエリートランナーたちへの、反発に繫がっていた。

「スポーツは、高卒か大卒か、出身学校はどこかなんて関係ないはずだし、選手の成績や可能性を評価して試合への出場の機会を与え、大会を運営していくのが陸連の役割じゃないのか……」

しかし、中山の真っ当な言葉も、マスメディアによって歪曲され、瀬古対中山という二項対立、ベビーフェイス（善玉）の瀬古、ヒール（悪玉）の中山という図式に単純化され弄ばれるのだった。

翌一九八七年二月、東京国際マラソン。中山は最悪のコンディションの中で、この日を迎えた。一週間前にアキレス腱に痛みを発症、三日前に、ダイエーの監督に出場を辞退したいと告げるも、「とにかく行くだけ行こう」との言葉。そこに中山は、覚悟を決めて走れというニュアンスを感じたという。

試合当日の朝は、歩くのが精一杯の状態だった。しかし、四時間後にはレースを走らなければならない。中山は、そんな自分自身に異常さを感じたという。そして、トレーナーにアキレス腱が切れないかを、何度も確かめてからスタートラインに立つのだった。

〝なぜ、それでも走るのか〟

僕は、中山の心情に問いかける。葛藤する心情に問いかける。

「それでも自分の場合なら行きますね。後ろがないんだから。常に崖っ縁の中で走っているわけだから。いちいち、足が痛いとかどうとか言ってられないわけです。もう、何をやっても前へ進まなかったら谷底へ落ちてしまう。瀬古さんみたいに守られていればいいですけど、陸連とか早稲田という学閥に守られている人はいいですけど。自分の場合は、自分で自分を守らなければいけないわけです。会社なんか、自分がどんなに走ったって守ってくれるわけじゃない。切るって言えば、すぐに切られる。そうなってくると何が大切かって言ったら、一歩一歩が大切なわけです。仮に失敗したとしても、その後、文句言われるくらいでいいわけじゃないですか。一週間か十日我慢して、そのうち、人の噂は消えるわけですから……。

これで飯を喰っているとなれば、それを達成しなければしようがないんです。今はそれを忘れている部分があると思うんです。すぐに素質が違うとか、素質がないとか。俺なんか素質がないから五年間も下積みしてたんだからって。よっぽど、あんたたちのほうが素質があるぜぇ、皆、高校、大学と特待できて、何が素質がないんだよ。そりゃ、馬鹿を採ったのかっていう、素質のない奴を高校も大学も採ったのかっていうことに……。それを考えると、自分なんか、要は、どうやって夢を売っていくかということを考えるんです。プロっていうのは、一応プロの世界に飛び込んだ以上は、素質があるかないかなんて、どうでもいいことなんです。絶対後は、達成させなければいけないことであって、達成出来なければ、さっさと辞めて進路を変えればいいわけで、それをグダグダ文句言いながらもしがみついている奴は、碌でもない奴ですよね。それだったら、やれよって。私なんかいつもそう思っているんです」

言葉通り中山は、このレースで驚愕の走りを見せている。最悪の状態の中でも、レース中盤には何度も先頭に立ち、谷口浩美に次いで二時間一〇分三三秒で二位に入るのだった。そして、この年の七月にはヨーロッパに遠征し、フィンランドのヘルシンキで開催されたグランプリシリーズ・ワールドゲームズ一万メートルで、二七分三五秒三三の日本新記録で三位に入り、日本陸連から指摘されたスピード不足というレッテルを、鮮烈な形で突き返した。

「俺は野犬だから、やっぱり野犬には野犬の生き方があるわけで、それを俺は全うしただけです……」

中山の言葉を矯激と捉えるのだろうか。

一九八〇年代後半、日本は狂疾のバブルの真っ只中にいた。浮ついた空騒ぎが社会を支配し、熱病に浮かされた者たちがだらしのない笑みを見せ、毒薬を一服盛られたように涎を垂らしながら、その先に来る冷酷な時代など想像することもなく街を徘徊していた。

走る世界もまた、足許の利害のみを考え、同調と従属が跋扈《ばっこ》し、見せ掛けのエリート主義が閥をつくり、個性あるものを嘲笑し顧みない硬直した時代が始まっていたのではないのか。

そして、中山竹通は、自らを〝野犬〟と称し、既成に囚われず、野心を胸に秘め疾走し続けた。

一九八七年十二月六日。前夜からの雨は上がったが、気温七・六度、五メートル前後の強い風が吹くコンディションの中、第二一回福岡国際マラソン選手権大会のスタートが切られようとしていた。

このレースは、ソウルオリンピック代表選考会も兼ね、国内の有力選手がほぼ出場していた。日本最高記録二時間七分三五秒の児玉泰介、二時間七分五七秒の伊藤国光、そして二時間八分一五秒の中山竹通。その他に二時間一〇分を切るサブテン・ランナーの新宅雅也（後に永灯至）、谷口浩美、宗茂（直前欠場）、宗猛がエントリーしていた。しかし、そこには最も有力視されていた瀬古利彦の姿はなかった。瀬古は、このレースの前十一月十五日、千葉県で行われた東日本実業団駅伝で左足首を剥離骨折、福岡断念の記者会見を二十四日に行っていた。

当初、ソウルオリンピック代表選考会は、〝福岡一発選考方式〟で行われるはずだった。確かに、福岡の他、東京国際マラソン、びわ湖毎日マラソンが選手選考会ではあったが、現場の指導者、選手は、福岡で代表三人が決定するという認識を持っていた。

これには伏線があり、日本陸上競技連盟は、一九八七年一月、「男子は福岡国際マラソン、東京国際マラソン、びわ湖毎日マラソンの三マラソンを選手選考会とする。ただし、オリンピック候補選手および強化指定選手は全員、福岡国際マラソンに出場しなければならない」との概要を発表していた。この発表に、誰もが福岡のレースで代表選手が決定すると受け止めたのだった。

しかし、瀬古の欠場で発表は反故にされ、瀬古には、びわ湖毎日マラソンの結果を見てという救済処置がとられたのだった。

瀬古に対する救済策に対し、その後、日本中に賛否の論議が巻き起こった。

その騒ぎの渦中、「瀬古さんは、這ってでも出てくるべきだ」という、中山の発言が物議を醸す。

言葉は、マスメディアによって、焚き付け煽られ独り歩きし、中山竹通という個性を、絶対的なヒールとして、能天気な日本人を誑《たら》し込む。

あの言葉の真意を、中山は自著の中でこう吐露する。

マスコミに質問されたから話しただけで、別に瀬古さんに対して言ったわけではないし、一部では誤解されていたようだけど、挑発していたわけでもない。ただ、福岡一本で決めるとなったらそうするのがルールでしょう。それがスポーツの常識。（中略）それに福岡一発というのは、瀬古さん側が言い出したことじゃないですか。

だいたい、四年に一回しかないオリンピックというのは、選手生活のなかでやっと一回か二回しか体験できないもの。（中略）それくらい貴重で数少ない舞台なんだから、そのためには本当なら這ってでも出ていかなければいけないほど価値がある。自分だったら這ってでも出るという気持ちがあった。今日はダメだけど、明日ならOKといった考えが通用するようなものじゃない。それを曖昧に、優柔不断に考えてしまうのが、日本人の甘さなんだと思う。（中略）

現役を辞めたいまでも、あのときのセリフについて言われますよ。何もケガしている人にそんなこと言わなくても良かったのに、なんて。マスコミも福岡一本で決まるまでの経過を調べずに、まるで自分が瀬古さんに言ったかのように面白おかしく書いていた。だからほんとうにマスコミは嫌いだったし、つくづく日本人のスポーツに対する甘さがこの一件には出ていたと思うね。

とにかく自分は故障してもマラソンに出場してきたし、損得の問題じゃなくて、どんな立場に立たされても逃げたら負けという気持ちでやってきたつもりですよ。

時に中山を、放言癖のある異色のランナーと評することがある。果して、中山の言葉は放言なのだろうか。いや、中山は崖っ縁の中で培った魂から、当たり前に語ったに過ぎないのだ。

そして中山は、福岡国際マラソンのレースで、自らの真意を体現してみせた。

午後零時一五分、福岡平和台陸上競技場。

今、外国人選手一七人を含む、一五二人の選手がスタートを切った。序盤の五キロはタンザニアのロバート・サイモンが、一四分三〇秒と飛び出し、日本勢を含め三〇人程の集団が後を追う。しかし、一四キロ過ぎだった。中山はスピードを一気に上げるとサイモンを抜き去り、後続の選手を置き去りにし、二〇キロを五八分三七秒で通過、それまでの五キロのスプリットタイムを、すべて一四分台のハイペースで刻んだ。

このペースに誰も付いて行けなかった。前半を飛ばすアフリカ勢でさえ付いて行けなかった。

「最初から飛ばせば後半バテるのは決まっている。だけど、そういうレースをしていかないと、進歩していかないんです。それがわかってないんです。あのときは、確かに自分が生きていく上でオリンピックにいかないと、ダメだというのがありました。そのために、実際もう、メチャクチャ練習しているんです。練習で二時間一〇分くらいで四〇キロを走っている。バンバン走っている。バイクのように、車のように走っている。それを三カ月、四カ月トレーニングしているわけです。生身の人間ですよ。そんなものぶっ壊れるわけですよ。試合のときにガタガタになっているときもあるし、体調がうまくいってないときなんか一杯あるわけです。

だから、(選考会は)スパッと見せるのは大切だし、選んでもらうには見せなきゃならない場合もあるんです。本当の強さっていうのは、こういうものだっていうのを見せてやらなくてはいけない。マスコミは、わかってないことが多いと思うんです。勝手にヒーローを作ることもあるし、マスコミがよいしょするから、自分が凄い選手になったみたいに勘違いする選手もいるわけですよ。こいつは本当の一流じゃない、ちょっと違うなっていう選手が。それをマスコミが一流に祭り上げて……。なんか馬鹿馬鹿しいっていう感じですよね。本当の一流だったら見せてみる。凄いレースをしてみる。それが福岡でした」

三五キロ、中山のタイムは一時間四四分二五秒、カルロス・ロペスの持つ世界最高記録を四九秒も上回り、夢の二時間六分台の驚異的な記録も視野に入ってきた。

僕は今まで、これ程までの激走を見たことがない。中山の鬼気迫る走りは、「凄み」いや、「殺気」さえ感じさせた。

三五キロ過ぎ、突然、土砂降りの雨が降り出した。一八〇センチ、六〇キロの中山の体を冷たい雨が撥ねた。ランニングシャツは冷たく貼り付き、シューズは不快に水を含み、筋肉は強張り弾力を失っていた。ストライドは目に見えて狭くなり、ペースは急速に落ちていった。

ゴールの平和台競技場に入る直前、雷鳴が轟き、気温は四・六度にまで下がっていた。しかし、悪コンディションの中、二位以下を大きく引き離したまま、二時間八分一八秒の好記録で中山はゴールを駆け抜けた。新宅が二時間一〇分三四秒で二位に入り、中山と共にソウルオリンピックの代表に選ばれた。

他の追随を許すことのない独壇場のレースが終わった。中山の「走り」、それは見るものに感情の昂りを与える。

ゴール後、ガウンに包《くる》まって記者会見する中山の足は、小刻みに震えていたという。そして、この過酷なレースを制した中山に、ソウルオリンピックへの期待が、重圧となって伸し掛かるのだ。

そのお先棒をかつぐのは、相も変わらぬマスメディアだ。

「オリンピックで金メダルに一番近い男」「中山らしい先行逃げ切りで」「戦後初の金メダルの本命」

と離し立てた。

一方、瀬古は八八年三月十三日のびわ湖毎日マラソンに、三番目の代表をかけて出場した。結果は、三〇キロ過ぎに大ブレーキを起こし、二時間一二分四四秒の平凡な記録で優勝。オリンピック代表は微妙な状況になった。

しかし、三月十六日、日本陸連強化委員会は、瀬古をオリンピック代表に内定、福岡国際で二時間一一分三六秒、四位の工藤一良、東京国際で二時間一〇分五九秒、六位の仙内勇は選考からもれた。

翌日の新聞は、「始めに瀬古ありきか」「肉体的限界説退ける」「不明朗さを残す選考」などと書き立てた。NHK「ニュースセンター9時」が、この結果をトップニュースで報じた直後から、視聴者センターには瀬古選出への批判電話が相次いだという。

結局、ソウルオリンピックマラソン代表選手には、福岡国際マラソン優勝の中山竹通、二位の新宅雅也、びわ湖毎日マラソンで勝った瀬古利彦が選出された。瀬古の「実績」と「ネームバリュー」に、軍配が上がった瞬間だった。

ソウルオリンピックの結団式の後、中山、新宅、瀬古は河口湖畔で合同合宿を行い、富士急ハイランド周辺を、一緒に四〇分程走った。その夜はビールを飲みながら、三人で話もした。

瀬古は、その日のことをこう述懐している。

「短い時間だが、こういう機会がなかったので、よかったと思う。一緒にしゃべっていて中山君は『這ってでも』云々をいう人間じゃないなと感じた」

中山は、福岡国際マラソンからソウルオリンピックまでの一〇カ月、さらにスピードに磨きをかけるためヨーロッパに遠征したが、あまり思わしい結果を残すことはできなかった。帰国後は、北海道で合宿、激しいトレーニングに取り組み、疲労は極限に達していた。それは中山の、〝崖っ縁の精神〟が苛烈なトレーニングに駆り立てたのだった。しかし、そこにはオーバートレーニングという落し穴が待ち受けていた。夏バテによるスタミナの消耗で体調は悪化、その中でソウル入りするが、中山を追い掛け回すマスメディアは、「先行逃げ切りで行け」などと、好き勝手な記事を書き捲るのだった。

瀬古は、この光景をかつての自分とオーバーラップさせている。

「今回のオリンピックは僕より中山君に注目が集まっていたので、ロス五輪に比べプレッシャーはなかった。ソウル入り後、練習コースで待ち構えている報道陣を避けて走る彼を見ていて四年前の自分を思い出した。ああ可哀相に、自分のペースを見失っているなぁと、気の毒に思ったものだ」

マスメディアというものは、いつの時代も、「焚き付け」、「煽り」、「誑《たら》し込む」の三原則で蠢《うごめ》いているのだろうか。そこに人間の匂いは稀薄だ。それは政治や経済あるいは社会状況を報道するときだけでなく、スポーツにおいても変わらない。否、スポーツこそが、毎度同じの金太郎飴報道という、お手軽な情報に終始する。選手の心情に思い至ることはない。

一九八八年十月二日、午後二時三五分、気温二四度。ソウルオリンピック、マラソンレースのスタートが切られた。

中山は過去、八四年、八五年、八六年と三回、ソウルのレースを経験していた。八五年のソウル国際マラソン、八六年のアジア大会では、共に気温一七度、湿度もそれぞれ九一％、八一％と高い条件の中、ソウル国際では二時間一〇分九秒で、アジア大会では二時間八分二一秒の記録で優勝を飾っていた。しかし今回は、途中からさらに気温が上がり二七度になった。オーバートレーニングで疲労が残る中山には不利な条件だった。

レースは、スローペースでスタート、前半は互いに牽制し合って、誰もペースを上げようとはしなかった。それでも次第にペースが速くなってくると、先頭集団も散《ばら》け始め、三五キロではタンザニアのイカンガーが遅れ、三八キロ付近では、ジブチのサラ、イタリアのボルディン、ケニヤのワキウリ、そして中山の四人になっていた。

その後、サラがスパート、それをボルディン、ワキウリが追う展開となり、中山だけが置いていかれる状況になった。それでも中山は必死に追走し、三番手に落ちたサラに迫るも僅かに及ばず、数秒差でゴールした。

優勝はボルディン、二時間一〇分三二秒、二位ワキウリ、三位サラ。中山は二時間一一分五秒で四位、瀬古は九位、新宅は一七位の成績だった。

ゴール後、中山の脳裏に去来したものは、虚無感だったのだろうか。頭の中は真っ白になり呆然とした状態だった。

瀬古は九位でゴールした後、中山に「どうだった?」と結果を尋ねている。そのとき中山は、甲高い声で「ダメですよぉ」とポツリ言葉を洩らし、「何番?」との問いには「四番」と答えた後、瀬古の肩を「お互いにお疲れさん」とでも言うように軽く叩いたという。

中山は、ソウルオリンピックで金メダルを獲得して、自らのマラソンを完結させようと思っていた。その結果こそが、その後の人生の出発点でもあった。また、学歴や実績がないということで、差別的な評価、待遇を受けてきた悔しさを、世界の頂点に立つことで見返してやりたかった。しかし、金メダルは幻に終わり、計画の変更を余儀無くされたのだった。

そのとき中山に残されたもの、それは九二年、バルセロナオリンピックへの再チャレンジだった。四年後、中山は三十二歳になる。十八歳、高校を卒業してからソウルオリンピックまで、常に喰うか喰われるか、崖っ縁の精神の中での苛烈なトレーニングによって、中山の肉体は故障が常態化していた。それを中山の言葉で表現すれば、「そんなものぶっ壊れるわけです」と。まさに、ソウルからバルセロナまでの四年間の道程は、故障との闘いだった。

ソウルオリンピックの翌年、中山はボストンマラソンに出場する。左足アキレス腱を痛め、途中棄権しながらも三時間一〇分近くかかってゴールまで辿り着くが、足は疲労骨折。

九一年二月、別府大分毎日マラソンで新星・森下広一と三八キロまでデットヒート。初マラソンの森下が二時間八分五三秒で優勝し、鮮烈なデビューを飾る。中山は二時間九分一二秒で二位。

同年九月、世界陸上競技選手権東京大会。三週間前に故障が治ったばかりの調整不足で出場。結果は三〇キロ付近でリタイア。優勝は谷口浩美で、バルセロナオリンピックの一人目の代表に選出された。

九二年二月、東京国際マラソン。天候は晴れ、気温八・四度、湿度三五%の絶好のコンディション。中山はこのレースに狙いを定めていた。しかし、レースは超スローペースとなり、中山は集団の中央に位置しながらレースを進める。三〇キロで集団が崩れ始め、三五キロでは中山、森下広一、早田俊幸の三人に絞られたが、三八キロ過ぎでは早田が遅れ、別府大分毎日マラソン同様の中山と森下がデットヒートを演じるも、結果は森下が二時間一〇分一九秒で優勝、二位は中山で、六秒差の二時間一〇分二五秒だった。森下は二人目の代表に選ばれ、中山は三月末の日本陸連理事会で、ようやく最後の代表に選出されたのだった。

しかし、バルセロナまでの四カ月余まり、中山にとってトレーニングに一〇〇パーセント集中できる環境ではなかった。ダイエー佐藤監督のチーム運営や練習方法をめぐり、陸上部が箕面と神戸に分裂。中山は神戸に移った。その間にも、神戸の臨時コーチに招請された、日本陸連の高橋進終身コーチとの指導方法などでの不協和音が、中山の心を不安定なものにした。

それでも中山は、自らを信じハードなトレーニングを続けたが、以前から痛めていた右足は最悪の状態で、不安を抱えたままバルセロナに向かうのだった。

しかし、レース本番の四日前だった。日本から送ってもらった鎮痛剤が効いて右足の痛みが消え、レース当日は、どうにか走れる状態になっていた。

九二年八月九日、当日の朝は嵐だったが、レース本番の夕方になると、予想された暑さはなく、空はすっきりと晴れ渡った。

午後六時三〇分、気温は二五度。そのとき、かわいたピストルの音が鳴り、一一〇人の選手がどっとスタートを切った。

レースは予想通り、スローペースで始まった。最初の五キロのラップは一六分三秒、続く五キロが一五分五六秒、次の五キロは再び一六分台に落ち、一六分一九秒とゆっくりした展開だった。ソウル同様、先頭集団は互いに牽制し合っていた。また、後半に続く上り坂、モンジュイックの丘を考え、選手の駆け引きも始まっていた。

二〇キロ過ぎ、集団のペースが一気に上がり、五キロごとのラップも一五分二〇秒前後になった。スピード練習が充分ではない中山は、このスピードアップに付いていけず七、八番手に落ちていった。

それからは、せめて、ソウルと同じ順位でゴールしたいという感情が心を過《よぎ》ったという。

三五キロからは、日本の森下広一と韓国の黄永祚のマッチレースになった。初めは森下が先行するが、競技場を目前にして黄がスパート、そのまま、森下に二二秒の差をつけてゴールテープを切った。森下は二位、一九六八年メキシコオリンピックの君原健二以来の銀メダル獲得だった。

四〇キロ地点、中山は三位のドイツ、フライガングになんとか追い付いた。その後、競技場まで苛烈な競り合いをしながら、トラックに入って一気にスパート、しかし、二〇〇メートルが限界だった。第四コーナーでフライガングに抜き返され、結果は、再びの四位だった。

中山竹通のオリンピックが、終わった。

十八歳のあの日、社会の不条理に復讐を誓って、北アルプスの見える一本道を走り続けた日々、そして、自らを「野犬」、「捨てられた犬」と定義し、喰うか喰われるかという野性の感性と、崖っ縁の精神の中で、孤高に走り通した中山の二度のオリンピックが終わった。

僕は、中山に尋ねていた。それは中山にとって酷な問い掛けだったかもしれない。今日、マスメディアが煽るメダル至上主義の渦中において、二度の四位という結果を中山はどのように受け止めたのだろうか。

中山は、ふっと遠い眼差しをした。脳裏に走馬灯のように過去が巡ったのだろうか、一瞬、ニヒルな笑みを見せてから話し始めた。

「いや、もうダメだなと思うだけですよ。ただオリンピックへ行ったということだけです。もう、慰めて……、慰めても慰めても、慰め切れない。それはもう、最低でも銅メダルをとらないと。うん、やっぱりどこかにミスがあるんですよね。それに体調が合ってないのもあるんです。だけど、やることはやらないとしようがないし、それが能力だと言われればしようがない。それが、能力なんですよね」

僕は黙って、中山の顔を見詰めていた。そして僕は、自分自身に腹立たしさを感じていた。きっと、世間って奴は言ってくれるだろう。所詮、負け犬の遠吠えと……。おまえは、中山の、言ってみれば傷口を抉り出してどうするつもりなのか……と。

いや、そうではない。今、僕の前で語る中山は、決して安全な場所から言葉を発してはいなかった。メダルを取ろうが、取れなかろうが、中山の崖っ縁の精神は変わることはない。

そこでおれは考えた――たかがこんな競走なんてお笑いに、おれが縛られてたまるもんか、ただ勝ちたい一心に走るだけじゃないか、ちっちゃな青いリボンをもらうためにトコトコ駆けるだけじゃないか、奴らが何と言おうと、そんな人生ってあるものか、おまえはほかの奴のことなんか考えず、おまえ自身の道を行くべきなんだ、水差しとヨードチンキの瓶を持って、おまえがもしころんで傷でもしたら――たとえおまえがころんだままでいたくとも――助け起し、また走らせようと待ちかまえている奴らが引いたコースを走るんでなく。
（『長距離走者の孤独』アラン・シリトー）

一九九五年四月、中山はダイエーを去った。ダイエーにおける中山の戦績に対する処遇のあり方、陸上部の指導方針、選手の意識の低さ、あるいはマラソンから駅伝へ強化の重点をシフトすることなどが中山には納得できなかった。中山の選手生活に終止符が打たれた。そして、中山が去ってから三年後の一九九八年、ダイエーは陸上部の休部を発表する。

「会社なんか、自分がどんなに走ったって守ってくれるわけじゃない」

そう中山が吐露した通り、中山のマラソンにかける一途な心を理解する組織などなかったのだ。ダイエーに在籍して十二年、ダイエーのカリスマ、中内功に共感し懸命に走った一時を経て、虚しさだけが心に残存した。

それはまた、中山竹通だけの問題ではなく、二十一世紀、人を軽んじ、我利我欲が世間を跋扈し、他者に対する想像力を失ってゆく、グローバルという名の企業の論理が支配する、強欲な時代への序奏でもあったのだ。

一九九五年十月、中山は大阪産業大学付属高校陸上部の監督に就任、翌年には同大学の陸上部監督も兼任する。その後は、実業団の愛知製鋼陸上部監督を経て、僕が訪れた二〇〇九年には、同社のランニングアドバイザーの肩書と共に、月に二回程、講習、講演を行っていると語った。

中山にとって指導者とは、選手を支え、助言を与える立場だという。あくまで選手が主役であり、選手の自主性こそが向上心に繋がると考えている。指導者になっても、中山の思いは北アルプスの見える一本道で培われた崖っ縁の精神と、自らに妥協しない強い意志に基づいている。日本の多くの指導者が、強制的に指導し管理する今日、選手は思考を停止し、自ら考え判断することができないでいる。

「二〇〇九年の世界陸上で、佐藤君（敦之）の言葉で、『粘って、粘って』と言うのを聞いたとき、あれ？　それどこかで聞いたことがあるなと思ったんです。粘って粘って、あっ、それ谷口君（浩美）の台詞だ、二十数年前、谷口君が、『僕は粘って勝つんだ』みたいな。なんだ、あれから二十数年経って、また元へ戻るのかって思ったんです。普通、勝つため、進歩するためには、過去のデータを集めて、たとえば宗さんがいたら、瀬古さんは勝つためには、宗さんたちのデータを集めて、どうするかを考え、じゃあ、自分は瀬古さんに勝つためにはどうしたらいいかを考えるわけです。それなら一万メートルを瀬古さんより速くなり、持久的スピードも持たなきゃいけない。こういうレースをしなきゃいけないって考えるわけです。けれどそれがなくなっていくと、ただその中で走ればいいだけのレースになってしまうんです。頭が考えなくなるんです。そうなると、過去に勝てないスポーツ、人に勝てないよりも、過去に勝てない。対戦相手じゃなく、過去に勝てなくなったら、スポーツというものは終わりなんですよね」

一位を目指すから、二位、三位がある。今日、世界的イベントにおける日本のマラソンランナーの目標は入賞である。初めから頂上を目指すことを放棄したレースをやって、何が面白いのかと、中山は問いかける。

「競技者が自己満足しているというか……。たとえば実業団であれば、チーム内のポジションを維持すればいい、ビリにならなければ馘《くび》にならないっていう、呆れる程のつまらなさというか。だから、楽だから会社に残りたいっていうのが多いんですよ。スネ齧り、親にもスネ齧り、企業にもスネ齧っている。ほとんどの企業が、それを許しちゃっている。

僕がダイエーに入ったときには、すぐに言われました。『成績悪かったら、いらん』て。僕は愛知製鋼の選手には、同じ厳しいこと言いましたけど、そういうこと言うから、相当嫌われるでしょうね。でも、はっきり言わないと今の子はわからない。厳しいとか言うけど、それが社会だよって。俺は十八歳のとき、それを問われたぞって。でも今の子は、それでもやらない。教科書で育っているから、放り出されていないからわからない」

プロとしての自覚、それは、選手の練習に取り組む姿勢だ。ただ練習メニューをこなすのではなく、選手が、そのメニューにどうプラスアルファをするかだ。しかし、現実はその逆だと中山は言う。

「僕はメニューは作りますけど、基本的に管理しない。メニューを与えて、選手がどう取り組むかを見る。自分で考えて、メニューにどう自分なりの味付けをするか。だけど、全然考えない。勝つ方法を教えて下さいって言ったりする子もいる。ハハハッ、わかるわけないだろうって。俺はマジシャンでも、神様でもないよ。この子たちは、高校の頃からずーっと、依頼心だけで来ているんでしょうね。

愛知製鋼にも、箱根駅伝を走った選手が入って来るんですけど、今の選手は、たとえば答え（結果）だけは、三とか四とか五とかを出したがるんですが、答えが違うのに式（練習・プロセス）はいつも同じなんです。式は一プラス一なのに、答えは四とか五を出そうとする。なんで？　俺にはわからない。それは違うだろう。自分で考えて努力することを、本当にしないんです。だから、技術も磨かない。頭も磨かない」

中山は強くなる絶対条件は、選手自身が、自らが置かれている位置、能力、価値、義務、使命を理解し、その上で、なぜ走るのかという目的意識を持っていなければならないという。そして指導者は、選手の考えを尊重し、意見を押し付けず、過度に管理しない。しかし、甘やかさない。

「管理するほうが楽だっていうのがあるわけです。式を作って答えを出させる。そのほうが楽じゃないですか。答えがあって式を作らせると、皆バラバラにやるから面倒臭いわけで、日本人って、管理しなければできないし、管理しなければやらないんですよ。ダイエーのときなんか、三時間走るのも五時間走るのも、すべて管理でしたから、全部集団で行かせる。どこへでも集団で行かせて、勝手に行かせるなんてことは、まずないですから。

僕は、管理されたからって、いやとも思わなかった。ただ、訳のわからないメニューを作られるのは困りましたね。きちんとした目的やプロセスがあるならいいけど、なんか思い付きみたいなものは困りました」

選手自らが、考える能力を高めなければ、レースには対処できない。レースは常に流動的であり、レース展開に一定のパターン、マニュアルはない。多くの指導者はレース運びまで管理し、この距離ではこの位置に付けといった指示を出す。それによって選手は、自分の意思で走ることができなくなると、中山は言う。

また、中山は駅伝についても危惧を抱いている。今日、箱根駅伝を中心にさまざまな駅伝大会が、マスメディアによって喧伝される時代。果して、駅伝のヒーローはマラソンのヒーローに成り得るのだろうか。

「駅伝は、マラソンにはプラスにならないですね。駅伝をやっているうちはダメですよね。駅伝なんて、マラソンのおまけでやればいいことであって、あれがメインなんて笑っちゃいますよね。今、企業は駅伝を社員の和や士気を高めるために利用しているんでしょうが、情けない経営者だなぁと思うんですけどね。今はあれ（駅伝）で給料が決まりますから、ハイ。馬鹿馬鹿しくてやってられないですよ。当然、頭数が必要だから故障しちゃいけないので、練習も無難なものになる。指導者も無難にもって行こうという考え方。無難って本当にいいことなのかを、もう一度考え直さなきゃいけないと思いますね。

無難って何なんだろう。無難な人生、平凡、それは一番楽といえば楽で、逆らわずして長く生きてもいられるけど、それで楽しいの？　っていうのもあるんですよね。一度しかない人生を、当たり障りなく生きるってどうなんだろう。まぁ、それぞれの生き方があるからいいんだけど、十代や二十代そこそこで、無難を教えるのはわからない」

中山は、二〇〇八年、北京オリンピック男子マラソンのレース後、世界のトップアスリートと、日本選手の違いをこう書いている。

世界のトップは『夏だろうが、冬だろうが、とにかく全部、高速でいくんだ』という感じでレースを進めている。

いまの日本人は決してこういうレースをしない。もし無理をして途中でつぶれたらどうしよう、後で何を言われるかわからない、という後ろ向きな気持ちに傾いてしまう。安全な道を選び、守りのレースばかりする。

だが、だれかにレースをつくってもらって、それに乗っかっていくという考え方ではもはや世界とは戦えない。レースを自分でつくらなければいけない。さらに言えば、レースを自分でつくれるだけの力を付けておかなくてはいけない。

世界のトップは、見ているところが違う。彼らは頂点、金メダルしか目指していない。なぜかというと、マラソンに生活がかかっているからだ。生きていくために走っている。

日本人は、そこそこ頑張って、そこそこの生活を長い間、続けられればいいと思っている。だから守りのレースしかしない。

（『日本経済新聞』「千里眼」二〇〇八年八月二十五日、要約）

「愛知製鋼は五年いました。今も顧問という形でいるんですが、ニューイヤー駅伝に出場できるようにしてくれって、自分に声が掛かったんです。僕は、ニューイヤーに行けるようにはするけど、ナンバー1を目指すことはできないって言ったんです。今の子は、プロっていうことが、まずわかってない。自分がこれで飯を喰うということ、プロという意識がない。練習は妥協するし、全然真剣に考えていない。それでも、今、どこのチームでも高い給料をもらっている。

僕が監督やってて一番嫌だったのは、行く前に結果がわかるっていうこと。負ける試合に行って何が面白い。おかしいだろう……。それって、やる価値ないじゃないかって。参加するだけなら、それはプロとして意味のないことで。これは、うちの会社だけではなく全体そうなんです。今の子は、寝ていると思っていたら、布団の中で携帯電話をかけてる。まぁ、そんな時代です。基本的には、もうダメでしょうね」

長いインタビューの最後に、僕は絶望的な言葉を聞いた。

かつて、エミール・ザトペックはこう語っている。

男が少年時代に別れを告げるのは、痛みと苦しみの境界を知ったときだ。

そして、ランニングの哲人であり、心臓専門医、ジョージ・A・シーハンは、こうも言う。

堕落から身を守り、勝者になるためには、アスリートは苦痛を受け入れなければならない——受け入れるだけでなく、待ち望み、ともに生き、恐れないことを学ぶのだ。

インタビュー後のわずかな余韻を拒むかのように、中山が今までとは異なる穏やかな口調で話し始めた。

「日本が強くならないっていうのは言えますね。私にとって、そんなことはどうでもいいことなんですが、本当のところ、陸連あたりも考えなくちゃダメですよね。まぁ、無理でしょうが……。生活をとるか、自分の信念をとるか、誰だって生活は大事だけど、馬鹿馬鹿しいものは馬鹿馬鹿しいと言わないと。やっぱり勝つために、頂上を目指すためにやっているんじゃないとダメですよね。高校出てからの自分は、暗闇から這い上がることだけ考えて、練習してきたんです……」

僕の脳裏に、北アルプス、白馬岳から乗鞍岳を望む、起伏に富んだ中山竹通の一本道が、今、鮮やかに甦った。

四章　セルフィッシュの時代

一九八四年、第二三回ロサンゼルスオリンピック。

この大会から、女性には過酷だといわれたマラソン競技が、初めてオリンピックの正式種目として行われ、ある意味でその後の女子マラソンを方向付ける、シンボリックな大会だった。

八月五日、女子にとっての初のマラソンレースは、高温多湿の気象条件の中で行われたが、アメリカのジョーン・ベノイトが猛暑を問題としない走りで、二時間二四分五二秒の好記録で優勝し、初代チャンピオンに輝いた。

しかし、このレースにおいてのヒロインは、優勝したベノイトではなかった。ベノイトがゴールしてから約二〇分後、朦朧とした意識のまま、ゴールに向かって彷徨い歩く、白い帽子に赤いユニフォーム、スイスのガブリエラ・アンデルセンこそが、オリンピック初の女子マラソンにおいてのヒロインだった。

アンデルセンは、競技場に入って約六分、体を右に左にと傾け今にも倒れそうになりながらも歩き続けゴールした。スタンドの観衆は立ち上がって喝采し、アンデルセンを乗せた医療車両が見えなくなるまで、指笛を鳴らし拍手した。このシーンは、世界に報道され、人びとに強い印象を残し、三十年後の今日でも〝感動の映像〟として、ネットにおいて繰り返し見ることができる。そして、このレースこそが、日本のメディアに女子マラソンの商品価値に、とりわけテレビメディアにマラソンの演出方法を気付かせる大きな要因になったのである。

また、ロサンゼルスオリンピックは、コマーシャリズムが席捲し、カネがオリンピックを支配する構造への先鞭をつけた大会だった。その中で、初の女子マラソンのヒロインに祭り上げられたアンデルセンだが、彼女はレース後に自らのおかれた立場を、こう語っている。

「他のマラソンなら棄権していました。でも、オリンピックの歴史的大会だったので、どうしてもゴールしたかった」

「私の事が、かなり大きく報道されているが、私よりも最後まできちんと走ってゴールした選手たちのほうを取り上げるべきだ」

しかし、アンデルセンの真摯な言葉など黙殺するように、カネに塗れたメガオリンピックは走り出すのだった。そして、日本の女子マラソンもまた、広告代理店、スポンサー、メディアが手を組むことによって、日本のスポーツシーンにおける確かな商品価値を築いてゆくのだった。この安易な現象、利益を求め暴走する論理には、歴史はいつもナッシングである。彼らは歴史から学ぼうとはしない。彼らの論理は常に今の今、欲望の膨張を煽ることにある。その中で、女子マラソンもまた翻弄されるのだろうか。

　ここで女子マラソンの小史を遡ってみよう。


　第一回近代オリンピックは、一八九六年、ギリシャのアテネで開催されたが、近代オリンピックの創始者、フランスのクーベルタン男爵は、オリンピックに女性の参加を考えることはなかった。大会には、欧米先進国一四カ国、二八〇人の男子選手が参加した。

　第一回大会から、マラソン競技も実施され、ギリシャのスピリドン・ルイスが二時間五八分五〇秒で優勝した。当時の距離は約四〇キロ、コースはギリシャの故事にちなんで、マラトンからパンアテナイ競技場までだった。レースは二五人の男子選手で走ったとされているが、実際には一人の女性が〝勝手〟に参加していた。女性の名は「メルポメーネ」。記録は四時間半だったという。

　女性には長距離走は過酷だという定説ができたのは、一九二八年のアムステルダムオリンピックの八〇〇メートルレースだった。このレースには、日本の人見絹枝も出場し二位になったが、ゴール直後にほとんどの選手が倒れたことで、女性には長距離走は厳しい、ましてやマラソンはということで、オリンピック種目として考慮されることはなかった。

　一九六六年、女子マラソンの歴史にエポックメーキングな出来事が、ボストンマラソンで起こった。この大会に、一人の女性が明確な意思を持って初めて走ったのだ。彼女の名は、ロバータ・ルイーズ・ギブ、二十三歳。

　ロバータは走ること、特に自然の中を走ることが好きだった。少しずつ距離を伸ばしてゆき、最後には四〇マイル（六四キロ）の距離を走れるようになっていた。そこで彼女はボストン陸上競技協会に、ボストンマラソンに参加させて欲しいと手紙を出した。しかし、協会からは「女性には四二・一九五キロを走る体力はなく、それゆえ規則で参加は認められていない」との返事が来た。

そのとき、彼女の心に、ある決意が留まった。

「許されもしないで、どうして可能、不可能が判断できるのか？」

大会当日、スタートまで彼女は茂みに隠れ、号砲と共に集団にまぎれて走った。そのときのスタイルは、黒のタンクトップの水着の上に青のスウェットシャツを着込み、弟のバーミューダパンツを穿いていた。しかし、周囲のランナーたちは、すぐに彼女が女であることを見抜いたが、「自由な道なんだ、誰にも君を締め出したりさせないよ」と言って、好意的な対応をしてくれた。途中、暑さの中でスウェットシャツを脱ぎ捨てると、誰の目にも彼女が女であることが明らかになった。だが沿道の人びとは歓声をあげ、初めての女性ランナーを応援し、メディアはこのチャレンジを伝えた。記録、三時間二一分四〇秒。ここに女子マラソンの歴史が、確固として始まったのだ。そして、その後もさまざまな女性ランナーがボストンマラソンを走り、一九七二年、ボストンマラソンは正式に女性ランナーの参加を認めたのだった。

七四年には四二人の女性が参加し、アメリカ在住の三十八歳の小柄な日本人女性、ゴーマン美智子が二時間四七分一一秒で優勝した。日本国内に目を移せば、七六年、折からの健康志向のジョギングブームと相俟って、七八年四月には、初の女子マラソンが、東京・多摩湖畔で開かれ、四九人が参加し四六人が完走、外園イチ子が三時間一〇分四八秒で優勝した。七九年十一月、国際陸連公認の世界で初の女子だけのマラソン大会「第一回東京国際女子マラソン」が誕生、海外からも一八人の選手が参加し、四十一歳のイギリス選手、ジョィス・スミスが二時間三九分四八秒でゴールした。

その後、女子マラソンはどのように推移したのだろうか。東京国際女子マラソンの他に、大阪、名古屋と国際女子マラソンが誕生し、男女が一緒に走る欧米のマラソン大会とは異なる、女子だけのマラソン大会という日本独特のスタイルが確立された。しかしそれは、「女子マラソンの商品価値」という、日本独自のスタイルが確立したことにも繋がってゆくのだった。あえて言えば、「女子マラソンに潜む罠」とでも言えようか。そこにあるのは、女子マラソンの真価ではなく、広告代理店、スポンサー、メディアがつくるコマーシャリズム主導の、商品価値としての女子マラソンではなかったのか。そして、日本の女子マラソンは、八四年のロサンゼルスオリンピックを契機に、八八年のソウルオリンピックを経て、世界の頂点を窺うまでになろうとしていた。しかし当初は、ロサンゼルス大会では佐々木七恵が一九位、増田明美は一六キロ付近で棄権し、ソウル大会も三名が出場したが、浅井えり子二五位、荒木久美二八位、宮原美佐子二九位と思わしい結果を残すことはなかった。

この現状を見ながら、一人の男が今が好機の到来と考えていた。リクルートランニングクラブの監督、小出義雄だ。

小出は、自著の中でこう書いている。

何であれ競争は「早い者勝ち」が原則である。誰もまだ手をつけないうちに、いち早く知識を蓄え、しっかりと準備をしておけば、必ず勝てるのだ。(中略)

私が女子マラソンの監督をするようになったのも、実は、女子ならまだ歴史が浅いから、「早い者勝ち」でいけるチャンスがあると思ったからだ。

男子はもうすでに相当レベルが上がってしまっているから、オリンピックで金メダルを取るのはなかなか難しいだろう。

だが、女子だったらまだ金メダルを取れる可能性は十分にある。なにしろ、私には、女子の練習の仕方を知り尽くしているという自信があった。

小出の言う、「早い者勝ち」の論理は、なぜか当時の日本の社会風潮と合致する。八四年、東証ダウ平気株価が一万円を突破、八五年にはプラザ合意により、当時一ドル、二四〇円台だったドル相場は下落、八六年、東京都心の地価高騰が明らかになり、八七年には、東証ダウが二万円を超え、NTT株が上場した。八八年、リクルート事件が発覚。東証ダウは、初の三万円台になった。時はバブルの真っ只中、欲望の膨張に踊り踊らされた人びとは、「早い者勝ち」で土地を買い漁った。己の猫の額程の土地の値上がりに舌舐めずりし、株や不動産への投資に血眼になった。銀行は、ジャブジャブとカネを貸し付け、不動産屋と株屋は、言葉巧みに人びとの欲望を焚き付けた。彼らの合言葉も「早い者勝ち」だ。そして、騙し騙される者たちは、この空騒ぎがいつまでも続くことを夢想した。

小出の「早い者勝ち」の論理は、バブル崩壊後、日本が「失われた10年」とされる、一九九一年から二〇〇〇年に効果を発揮する。遅れて来た「早い者勝ち」とでも言おうか。小出が率いるリクルートランニングクラブは、九二年バルセロナ、九六年アトランタの両オリンピックで銀、銅メダルの有森裕子、九七年、アテネ世界陸上選手権、金メダルの鈴木博美、そして、二〇〇〇年シドニーオリンピックで金メダルを獲得した高橋尚子と、女子マラソン界に存在感を示した。そして、小出義雄もまた、メディアから「名伯楽」の称号を授かるのだった。この瞬間、小出の言う「早い者勝ち」の論理は、まさに成就したかに見えた。しかし、小出の欲望もまた膨張するのだった。

そして、小出の欲望を具現化し絶対化する選手、それが高橋尚子だった。小出はこう書いている。

金メダリストの条件を「マラソンが大好きな選手」と仮定するなら、高橋こそピッタリの選手だった。放っておけば、いくらでもジョギングにいってしまう。駆けっこバカの私と同じ匂いのする選手だった。

〝駆けっこバカ〟小出は、同じ〝駆けっこバカ〟の高橋によって、オリンピック二連覇という野望を抱いたはずである。「早い者勝ち」の論理もまた、〝もっともっと〟である。留まっていては、男子マラソン同様に、アフリカ勢の野性の波にあっという間に押し流されてしまう。アフリカ勢の野性の波が来る前に、高橋尚子によるオリンピック二連覇こそが、燦然たる栄誉として女子マラソンの歴史に輝くのだ。

一九九三年、十月六日、僕は当時リクルートランニングクラブのコーチをしていた金哲彦を取材するために、千葉県佐倉市を訪れていた。

金哲彦は、早稲田大学時代、木下哲彦と名乗り、箱根駅伝において〝山登りの木下〟として新記録を出していた。今日のメディア的キャッチフレーズで言えば、〝山の神〟と言ったところだろう。僕は、かつて通称名、木下を名乗っていた彼が、リクルート入社以来、本名の金を名乗り、別府大分毎日マラソンでは、二時間一二分三五秒の記録で三位に入ったテレビ放送を見て、金哲彦のアイデンティティに興味を持ったのだ。また、バルセロナオリンピックの前、有森裕子がパートナーの女性ランナーと共に、コロラドの草原地帯の陽炎の立つ長い坂道を走っているドキュメンタリー映像を見たことがあった。その中に、二人に寄り添うように走る金哲彦がいた。このとき、金は小出監督の指示で、初めてコーチ役をしたという。

佐倉市のリクルートランニングクラブは、すぐに見付かった。近代的というよりは、無機質な固く鎖《とざ》されたマンションビルといった建物だった。

そのとき、ふと、ここに選手たちが〝囲われている……〟、という奇妙な感慨が心を過《よぎ》ったのは、なぜだったのだろうか。

金哲彦の取材を終える頃には、昼食の時間になっていた。ここで僕は、小出義雄に会った。初対面の小出は、僕を近くの蕎麦屋へ誘い、蕎麦を振る舞ってくれたのだ。金を含めて、確か二、三人が小出を中心にして座り、食事をしながら、小出の一人語りを聞く。小出は煙草を燻《くゆ》らせ、ビールを飲みながら気持ち良さそうに語り続ける。時に僕にビールを勧めてくれるのだが……、丁重に断るしかない。

印象？　うーん、ただそこに、飲兵衛のおじさんがいた。それだけだった。

僕が初めて高橋尚子を見たのは、九六年九月十六日、国立競技場で行われたスーパー陸上のときだった。取材以来、しばらくの間交際のあった金哲彦と観戦に行ったのだ。ナイター照明の下、閑散としたバックスタンドに座る僕の前方のトラックを、先頭からかなり離されて走っていた。そのとき、僕は高橋尚子の名前を知らなかったが、隣に座る金が、「あれが、今度うちに入った高橋です」と、教えてくれたのだ。

瞬間、僕の脳裏に高橋尚子の走姿が停止した。

翌九七年一月、高橋は大阪国際女子マラソンで初のマラソンに挑戦するが、このときは中間点から遅れ始め、二時間三一分三二秒で七位に終わる。しかし、高橋の強さは、リクルート内部では定評があり、有森裕子、鈴木博美より上だという評価だった。練習では、他を圧倒する強さだったが、レースでは結果が出せないでいたのだ。

九八年三月、すでに恩師、小出義雄と共にリクルートから積水化学へ移籍していた高橋は、名古屋国際女子マラソンに出場、その真価を発揮し、二時間二五分四八秒の日本最高記録で優勝する。高橋は、二度目のマラソンで日本女子マラソンの頂点に立ったのだ。そして、同年十二月、タイ、バンコク・アジア大会で、再び日本記録及びアジア最高記録を更新するのだった。

僕にとって強烈な印象を与えたのが、このバンコク・アジア大会のレースだった。レースは、灼熱の太陽が白く照射する酷暑の中で行われた。高橋は五キロのラップを一六分台で刻むペースで、中間点を一時間九分一五秒で通過、三〇キロまでは世界最高記録を上回るハイペースだった。ライバルのいないレース、ほどほどに走っても金メダルは確実だった。しかし、高橋は三〇キロ以降、五キロのラップは一七分台に落ちはしたが、二位に一三分以上の差をつけてゴールした。記録は二時間二一分四七秒。世界最高記録まで、あと一分に迫る記録だった。レース後、「走り始めたら足がよく動いたのでそのままいった」と語る高橋、走ることに一途であり、手を抜かないスタイルが、その後のシドニーオリンピック金メダル、ベルリンマラソンでの二時間一九分四六秒の世界最高記録へと続くのだが、それはまた、後年、大きな落とし穴として待ち受けていることに気付かなかった。

二〇〇九年、七月二十二日、僕は、知人の紹介で一人の男性と会った。知人によると、彼は、高橋尚子の元恋人であり、かつて、リクルートランニングクラブのコーチをしていたと聞いていた。

午後三時、僕は新木場駅の、陸上競技場が近くに見えるレストランで彼に会った。彼は内気な性格なのか、ポツリポツリと小声で語り始める。

大胡光次範、一九九五年から一九九七年のアトランタオリンピックを挟んだ一年半、まさにリクルートの黄金時代に、リクルートランニングクラブのコーチを務め選手たちに深くコミットした。大胡はリクルートに入る前、競技者として資生堂に所属し、主に五〇〇〇メートルからマラソンまで走っていたが、競技的には中距離走が好きだったという。

大胡の競技歴は長い。中学一年のときから全国大会に出場、中学三年でジュニアオリンピックの三〇〇〇メートルで優勝した経験を持つ大胡は、当時、市立船橋高校の教師で陸上部監督の小出義雄の誘いを受け、同校に入学。二年、三年と全国高校駅伝大会に出場、二年生のときには全国優勝した。その後、推薦で筑波大学に進学、進学した理由は、唯一、箱根駅伝に出場したいという思いだけだった。大胡が大学一年、十八歳のときに箱根駅伝は全区間、日本テレビによって生中継された。

資生堂には、筑波大学の先輩からの勧誘を受け入社、三年半在籍。しかし、仕事をほとんどやらずに走っていることに疑問を感じ始めたという。毎日、出社はするが、二時頃には退社し、午後からは練習、合宿に行けば一カ月仕事場に穴を空けることもあった。普通の社員なのに走ることが仕事になっている状況、それで結果を出せないことにもどかしさを感じる日々だった。そして、競技者としては、そろそろ終わりかなと……、考えていたときに小出義雄から、リクルートのサポートコーチとして来ないかと声が掛かった。大胡が二十六歳のときだった。

「サポーターに誘われたときは、今度はランニングコーチという形で、給料も年棒制で、それのほうがしっくりするというか。給与体系が、何もしなくてもお金がもらえるんじゃなく、結果イコール給料ということで、選手に結果を出させせなければ……と、それのほうが自分の中で割り切れるかなと……」

大胡は、努めてわかり易くゆっくりと話す。当時リクルートには、コーチとして金哲彦、選手としては有森裕子、鈴木博美、高橋尚子らが所属、他にも多くの有力選手がいた。そういった環境の中、大胡が割り切れると思って入ったリクルートだったが、しかし、入ってみると驚くことばかりだった。リクルートはカネの使い方が全く違っていた。競技で強くなるなら、何でもヤレ、いくらカネを使ってでもヤレという態勢ができていた。そのためにはコーチ、とりわけサポートコーチは酷使される。

「毎日が戦争みたいな感じ……、うーん、戦争と言ったらおかしいですね。なんと言ったらいいんだろう。本当に目まぐるしいというか。たとえば、一週間アメリカに合宿に行ったら、今度は一週間日本に戻って来て、また三カ月アメリカへ行って合宿するとか。その繰り返しです。だから、体調は崩しましたよね、ハイ。時差だけではなく、その中でサポーターとして選手を引っ張って行くわけですから、ペースメーカーとして。その上に、マネージャー、運転手、食事の買出しなどの仕事も兼ねるわけです」

大胡は、選手たちと共に午前と午後に走る。マラソン練習では個人を引っ張り、駅伝の前にはチーム全体を引っ張る。当然のことにペースメーカーは、後に続く選手たちのペース配分を作り、必然として選手たちよりも一歩速く走ることになる。自らの体調ではなく、ひたすら選手の体調作りに奉仕する役目なのだ。ペース走、インターバル走、ビルドアップ走、四〇キロ走と、監督のスケジュールを体現し選手を引っ張り続けた。これだけやっているんだという満足感と、辛いことが好きだという性格が、大胡の精神を持ち堪えさせた。

「ただ、さすがに体調が悪いと、いくら女性相手でも四〇キロ走はなかなか難しくなります。一番スケジュール的に厳しかったのは、たとえば三日間、一人ずつ一日おきに三人の選手が四〇キロを走る。そうなると、私は三日間続けて四〇キロを走ることになるわけです。そうすると四日目には、一番始めに四〇キロ走った選手は、休養が中二日入りますので、ここでポイント練習が入るわけです。そうすると、三人の練習を見るには、一週間続けて私はかなりの距離を走っていることになります。時には毎日、四〇キロということもあります。私の体調に対する配慮？　それはないですよ。マッサージもさせてくれないし……。そうですね。もう、本当にどうしようもないときに、選手の合間にちょっとマッサージしてもらう。ハハハハハッ……」

大胡は、自嘲的に笑った。

九六年、アトランタオリンピックの国内予選が近付いていた。サポートは、ハードを極めた。常に疲労を溜めている状態だった。その上に練習後には、小出監督との付き合い酒が待っていた。

「監督は、午後の練習が終わった瞬間から飲み始めるんです。夜中までそれに付き合うんです。毎晩ビール大瓶五本、ウィスキーのボトル一本に付き合い、睡眠不足のまま選手のペースメーカーとして走り続けるわけです。小出監督？　うーん、私しか話をできるのはいなかったみたいです。後は、あいつら皆、敵なんだって……。アッハハハハッ。表向きは、チーム内がうまくやっているように見せていましたが、裏では……」

しかし、大胡にとって肉体的辛さよりも、精神的辛さのほうが大きかった。それは、選手と監督の関係であり、選手間の軋轢でもあった。

「練習スケジュール、やり方は監督が決めるんですが、選手にとって納得できないこともあるんです。その納得できない部分を監督にではなく、私に言うわけです。選手の言い分は理解できても、監督の指示に従わなくてはならない。そこに葛藤はありました。また、女性ランナーは、自分だけが監督やコーチを独占したいという人が圧倒的に多いわけです。たとえば、アトランタオリンピックまで、私は有森、鈴木、高橋を同時期にサポートしたんですが、当初、高橋は、金さんに練習を見てもらっていたんです。ところが、リクルートに入ったのは、小出監督に見てもらいたいからだと言い始めまして……。それだったら、自分からアプローチを掛けなきゃいけないんじゃないのと、話をしました。それで、その後……」

小出は、この間の経緯をこう書いている。

高橋を指導するようになったとき、私は彼女をいきなりニューメキシコに連れて行った。彼女が、私に指導してもらいたいということで、リクルート陸上部に入ってから半年ほど経ってからのことだった。

その間、実をいうと、チーム運営上のやっかいな事情があって、私は高橋とはほとんど口をきいていなかった。（中略）

それが、いきなりのニューメキシコ行きになったのだから、彼女はうれしかったようだ。

しかし、高橋の突然のニューメキシコ行きは、チーム内に波紋を広げることになった。

「そうなると、有森、鈴木にとっては、監督を独占できる時間が少なくなるわけで、最初は大反対だったんです。そのときは、いやぁそれはもう……、大変な状況で……。また、高橋が強くなる素質があるのがわかっていたんじゃないかと……、確かに練習ではいつも一番強かったんです。結局、皆、監督に自分だけを見てもらいたいわけで、一人増やすと……、（占有時間が）減るということで……」

僕は、大胡の話を聞きながら、正直、うんざりとした疎ましい気持ちだった。そして実際、そんなものかも知れないという思いが心を過《よぎ》った。表裏とは言わないまでも……、どこにでも転がっている、人間の感情の一端を聞いただけだった。

独占、嫉妬、気を引く、これらは一般的に女子選手に譬えられる感情表現と言われるのだが、大胡はその渦中で何を考えていたのだろうか。

「そうですね。アトランタの前、有森とは、そのことでよく話しました。なぜ純粋に競技に集中できないんだと。そんなことまでして速くなりたいのかと……。そんなことまでしてオリンピックに出たいのかと。それで最後に、皆さんありがとうございましたなんて……。偽善でふざけるなって思いましたね。あの頃は、精神的におかしくなっていました。もう、どうでもいいという感じで……。それで……、自爆事故を起こしてますし……、幸いケガはしませんでしたが、車は廃車に……。そういうことに対して、小出監督も金さんも理解？　してなかったですね」

しかし、その場から逃げるわけにはいかなかった。サポーターとして走れるのは大胡だけだった。日本にいる他の選手たちをサポートしなければならなかった。そして、大胡は、選手とコーチは、どのような人間関係を保つべきかということに苦慮したという。

「お互いに仲良くならないと……、うーん、ただ仲良くなるにしても、厳しさをもってフォローする。十人いたら十人に同じようにフォローする。一個人だけをフォローすることはできないんです。たとえば、ダウンで二人になった時に、きちんと声を掛けてコミュニケーションをとるという形でフォローするんです」

ふと、脳裏に高橋尚子の顔が浮かんだ。僕は、少しの躊躇いを持ちながら、大胡に聞いていた。

「ええ、高橋とは恋愛関係でした。リクルートにいる頃からです。その後、高橋が小出監督と積水化学へ移ってても連絡はとってました。まぁ……、いろいろありましたね。積水に行っても、高橋が日曜日なんか、だいたい休みだったので一緒に走ったりとか……。高橋が、シドニーで金メダルを取った時点でも付き合いがありました。七年くらい……ですね。メダルを取ったのをテレビで見ていて、なんか……、複雑な気持ちでしたね。ええ、高橋が独立した頃は、もう、そういう関係ではありませんでした」

大胡は、苦笑しつつ言った。

小出は、恋愛について『世界的ランナーを目指すならしばらく恋はお預け』と題し、こう書いている。

(前略)ランナーとしての夢を叶えることと、恋を成就させることを同時に願っても、なかなか無理というものだ。人間、二兎を追うことはできないと覚悟したほうがいい。(中略)

(前略)私のクラブは(中略)高い目標を掲げ、勝負にこだわりながら、ランナーとしての大成を目指すクラブなのだ。世界を目標にする人間たちの集まりである。どんな恋をも奨励するというわけにはいかない。(中略)

ランナーが真に世界を目指せるのは、人生のほんの限られた一時期でしかない。生活を、青春を、すべてこの一点に投げうつ覚悟の強者が、世界中から集まってくる。少しでも甘さがあれば彼らには勝てない。チャンスはまさにたった一度きりであり、それを逃がしたら、二度と巡り合うことはないのだ。

しかし、恋は違う。ほんの一時期だけ、恋には目をつぶったとしても、素敵な恋に出会うチャンスはまたいくらでもある。

この小出の言葉を、笑止千万な言い草と否定するのは簡単だ。しかし、今日の日本のスポーツ界は未だ、この言葉を前近代的な妄言とは捉えない環境にある。

所詮、選手の独占欲同様の、指導者の独占欲に他ならない幼稚な論理でしかない。

そう言えば、ＡＫＢ48とやらも恋愛禁止かぁ⁉

一九九六年、アトランタオリンピック。有森裕子は、バルセロナの銀メダルに続き、銅メダルを手にする。有森は、レース後のインタビューで、〝自分で自分を褒めたい〟と語るのだった。

その日のことを、大胡は静かに吐露した。

「全然嬉しくなかったですね。それだったら、他の選手に活躍してほしかった。まぁ、彼女たちのほうが、人間的に好きだったという、個人的な問題になってしまいますけど。有森は、〝走る〟ことが真に好きではなかった。いや、むしろ嫌いだった。有森にとって走ることは、自分を世の中に売り出すための手段だったんです。その目的を達成するために、私がサポートする？　やめてほしいですね。それって、本当に走ることが好きな人間に対して失礼ですよ。よく、小出監督は、観客の皆さんに対するお礼は言いなさいと、選手に言っていました。スタッフは後でいいと。個人的に、あるいは内輪のパーティで言えばいいと。けれど実際、私は言われたことはないですね。アッハハハハッ、言われない。なんか、ひと言ぐらい、挨拶しに来いよなぁって……」

結局、大胡は一年半でサポートコーチにピリオドを打った。そして、その日々をこう語った。

「もう辛いイメージしか残ってなかったですね。最後は精神的に追い詰められ、体が思うように動かない走れない。人間関係に疲れてしまいました。喜びなんか思い出せません」

有森裕子は自著『わたし革命』の中でこう書いている。

わたしにとっては、自分を輝かせてくれるものは走ることしかなかった。だから、苦しい練習にも耐えた。走ることは、わたしにとって、自分を生かすための手段にすぎなかった。

『わたし革命』、それは自己陶酔と自己完結に支配された言葉が鏤《ちりば》められていた。そこには、他者への思い、想像力が稀薄にみえた。

〝自分で自分を褒めたい〟この言葉は名言なのか陳腐なのか。言葉は、語られた瞬間からメディアによって膨張し弄ばれる。群れたがる人びとは、ワンフレーズに摺り込まれ、自分で自分を褒めたがる。まさに、〝セルフィシュな時代〟がやってきた。そして、他者への眼差しが急速に失われ、それは今日まで続く。

ヒーロー、ヒロインだからこそ、語るべき言葉がある。〝メディアジェニック〟、メディア写りの良い、見せかけの言葉は、もういらない。裏で陰で支えた人への眼差しが欲しい。

再び九六年、アトランタオリンピック、女子マラソン。トップの選手がゴールを切ってから約一時間後、ＢＳテレビの画面にラストから二番目、六四位でラオスの女子選手がゴールに入った。ふと、彼女の足許が画面に映った。

「これは……、ランニングシューズだろうか……？」

僕は自らに問いかける。

彼女のユニフォームもまた……。

瞬間、「ああ、オリンピックというのは、こういうランナーも走っているんだ……」

僕の心に細波《さざなみ》が立った。

七二年のミュンヘン、七六年のモントリオールオリンピックのマラソンで、金、銀メダルを獲得した、アメリカのフランク・ショーターは、レース後の気持ちを、こう表現している。

ゴールテープを切って、僕は感謝の気持ちが身体中を駆け廻った。そこには征服した感じはなく、誰かを打ちのめしたようなたわ言も出てこなかった。ただ考えたことは、「さあやったぞ！走りきったぞ！　この選手も僕と同じ苦しみに耐え抜いたんだ。我々全員がやりとげたんだ」

高橋尚子、一途に強くなりたい、手を抜くことをしない、金メダルへの執着。高橋は、小出に指示された練習メニューを忠実にこなした。毎日五時間、一日八〇キロ走ることもあった。男子を含めて、世界でこんなに練習量の多い選手はいないとまで、小出は豪語する。アメリカ、コロラド州のボルダー標高二八〇〇から三千メートルでの高地トレーニングは、小出が言う、苛酷な拷問状態に近い練習だった。それらを高橋は、何も疑うこともせずに愚直にこなし続けた。そして、高橋はシドニーオリンピックで頂点を極め、その先に小出同様、オリンピック二連覇の夢を見たはずだった。二連覇こそが、その後の人生に不可欠で絶対的な価値だった。

小出義雄は言う。

高橋を陸上界のためにスターにしたいと。それには「プロ化」が必要であり、サッカー、野球と同様に「プロ化」して、高橋に何億円でも稼がせたいと熱望する。そして、高橋は、スターになれる可能性を秘めていると言う。天真爛漫な性格、マラソンを楽しむ姿勢、ゴール後の笑顔。シドニーから帰国後は、アイドル顔負けの過密日程だったと言い放つ。そして、高橋は一足先に「プロ」になっていた有森裕子同様、二〇〇一年四月、「プロ」になった。

小出の切なる願いは、広告代理店、スポンサー、メディアと合致した。高橋はシドニーオリンピック後、テレビに、CMにとさまざまなメディアに露出し、小出の言うスターイメージを売り、一時高収入を得たことだろう。メダルで付加価値を付けた後で得られる、広告契約料こそが大きなカネになるのだ。

ここで、かつて取材したニューヨークシティーマラソンのレースディレクター、故フレッド・リボーの言葉が甦る。

「マラソンが、たとえばフットボールや野球と同じ高収入を得るのは、難しいと思います。賞金の額が少ないですし、勝ってもその労力に見合わない。そして、マラソンは年間に何度も走れません」

小出は、高橋を海外の賞金レースに出場させたいとも語っていたのだが、純粋にレースだけでは、マラソンで何億もの収入を得るのは不可能なのだ。それではどうするのか。イメージを売るしかない。しかし、イメージには商品価値という賞味期限があるのだ。

二〇〇三年十一月十六日、オリンピック二連覇の野望を抱いて、アテネオリンピックの代表権をかけ、高橋尚子は、東京国際女子マラソンを走った。しかし、このレースは、高橋の一途な手を抜くことをしない性格、あえて言えば、小出の教えを妄信したことが災いした。

小出のオリンピック二連覇の野望は、当然、高橋の肉体を極限まで追い込むことで成就する。小出は、かつての苛酷な拷問状態をも超える練習を高橋に求め、高橋もまたそれに従ったはずだ。僕はレースの序盤、高橋の肉体がオーバートレーニングの結果、すでに余力を失っていると感じていた。それは、レースの後半の失速となって現れ、二時間二七分二一秒で二位に終わり、高橋は、初めての挫折感を味わうのだった。

レース後、小出は「レースの前に、もう一つ餅を喰わせておけばよかった」と、コメントするのだが、餅を一つ喰わせておけば失速しなかったなどという、非科学的な言葉に僕は同意することなどできない。小出は単純な過ちをおかしたのだ。欲望の膨張が、練習量の膨張に繋がり、高橋のエネルギーを消耗させたのだ。記者に囲まれながら、眉根に深い皺を寄せ激しく首を振る小出の横で、憔悴し切った肉体、虚ろな瞳、それでも僅かな笑みをつくろうとする高橋が、悲しくも痛々しい。このレースの結果、高橋はアテネオリンピックの代表権を逃すことになるのだった。

二〇〇四年、アテネオリンピック。高橋のいない女子マラソンは、八月二十二日、三〇度を超える酷暑の中で行われ、日本の野口みずきが二時間二六分二〇秒の記録で優勝し、日本女子マラソンは、オリンピック二連覇を果たすのだった。野口は、翌〇五年にもベルリンマラソンで、高橋の記録を破る、二時間一九分一二秒の日本最高記録を樹立し、日本女子マラソン界の頂点に立つのだが、野口もまた、高橋と同じ過ちを犯すのだった。

高橋、野口、共にハードトレーニングによって強くなったことは、誰の目にも明らかだ。しかし、強い選手ほど細心で、実直で、勤勉である。指導者は、緊張し過ぎたり、やり過ぎたり、故障を起したりしないように、注意を払うことが求められる。ハードトレーニングとオーバートレーニングの境界を見極めてこそ、真の指導者だといえるのだ。

高橋は〇四年九月、右足首を骨折する。シドニーオリンピック、ベルリンマラソン以降、高橋は〇一年に虚血性大腸炎で入院、〇二年には肋骨の疲労骨折と故障が続いていた。

〇五年五月、高橋は小出とのコンビを解消、自ら「チームQ」を結成し、独自に競技を続けていくと発表する。〇二年、三十歳の頃には「朝起きて足が痛くないことを確認してほっとする。あと二年間（アテネオリンピックまで）は体がもってほしい」と吐露し、自らの肉体に不安を感じ始めていたという。また、小出との練習方針のずれがあったとも伝えられていた。

高橋は独立会見で、「監督（小出）に守ってもらえる甘い環境から抜け出して、自己責任で走ってみたい」と語るのだった。

自己責任……？

僕の心に一つの言葉が停止する。

当時、アメリカ主導の大義（イラクに大量破壊兵器がある）なきイラク戦争に加担し、自衛隊をイラクに派兵していた日本、その間、〇四年の四月八日、女性一人を含む日本人三人が、現地武装勢力に拘束されるという事件が起きた。武装勢力は、日本に自衛隊の撤兵を要求する。その渦中、政府及びそれに同調するメディアは「拘束されたものが悪い」という論理を展開、ここに自己責任論なるモノが流布され、多くの国民が誑《たら》し込まれ、拘束、人質になった三人は激しくバッシングされた。

高橋の〝自己責任〟が、この時代の意図された自己責任論に、摺り込みを受けての発言ではないと考えたいのだが……、何か……、自己責任という言葉に、僕は胡散臭さを感じるのだった。そして今日でも、自己責任は〝自助〟と言葉を変えて、この国の社会を覆っている。自己責任、あるいは自助とは、まさに、公が責任を放棄するための方便であり、弱者を切り捨てるための手口でもある。時代は、新自由主義主導のグローバル化という強欲拝金と貧富の格差が、世界を日本を席捲しつつあったのだ。

〇五年十一月、高橋は東京国際女子マラソンに出場し、二時間二四分三九秒で優勝する。メディアは〝鮮烈なカムバック〟と、二年前の失速レースからの復活を好意的に表現した。しかし翌年、〇七年大阪世界陸上選手権の代表選考レースの東京国際女子マラソンに出場するが、二時間三一分二二秒の自己二番目に悪い記録で三位に終わり、代表を逃すのだった。あの失速レースからの痛手は、高橋に深い後遺症となって残存していたのだ。

〇八年三月九日、北京オリンピックの代表選考会の一つである、名古屋国際女子マラソンが行われ、高橋は〝あきらめなければ、夢はかなう〟をキャッチフレーズに、北京オリンピック女子マラソン代表を目指して出場した。

レース序盤、五キロのラップ一七分五四秒のスローペースにもかかわらず、高橋は八キロ過ぎで先頭集団から遅れ始め、後は集団から離されたままの状況でゴールを目指すという展開。終盤には、トイレを借りるために沿道の建物に駆け込んだりと、散々なレースだった。記録は二時間四四分一八秒、二七位、自己最低の結果だった。

レース後の記者会見、高橋は気落ちした様子もなく、笑顔さえ見せて、「昨年の八月に、右膝半月板の手術をしました。松葉杖をつき、歩くことから始めました。この大会に挑戦するために手術を決めました」と語った。

テレビ、新聞の報道は、押し並べていつも通りの好意的な報道に終始したのだが、僕は、新聞に掲載された高橋のコメントに、何か腑に落ちないものを感じていた。そこには、高橋が昨年手術したことを、〝公表〟あるいは〝告白〟したと記されていたからだ。

高橋は、レース後初めて記者会見で、公に向けて手術のことを発表したという……。では、高橋が隠し続けた〝事実〟は、このレース前までの間、どれだけのメディアに高橋待望論を語らせ、その流れの中で、読者、視聴者を期待させ続けたのだろうか。証左として、名古屋国際女子マラソンの沿道には、従来より遥かに多くの人々が、高橋の復活レースを見ようと押し掛けたのだった。

レース中もテレビ中継車は、高橋の動きを伝え続け、期待感を煽ることに終始し、同じレースを走ったランナーたちには（勝者にさえ）わずかな配慮を見せたに過ぎなかった。そして翌日になれば、新聞、テレビワイドショーは、大きなスペースをさいて、まるで、高橋の〝事実〟に対して、美談あつかいの報道のオンパレードであった。この報道姿勢には、高橋の商品価値を引き伸ばそうとする、広告代理店、スポンサー、メディアの魂胆が透けて見えた。

ここで、僕は立ち止まる。メディアからの情報によって誑《たら》し込まれる、読者、視聴者は何を摺り込まれてゆくのかということを……。

『そうか、Qちゃんが右膝半月板を故障せず、手術していなければ……』

ここに、高橋尚子の商品価値は生き長らえるのである。

しかし、真実はその後に露呈する。それは、レースから一週間後の三月十六日、日曜日の夕方だった。偶然、僕はテレビ朝日にチャンネルを合わせた。番組では、元テニス選手の松岡修造がメインキャスターをつとめていた。番組は、高橋が名古屋国際女子マラソンに出場するまでのプロセスを、遡って映す、いわゆるドキュメンタリー風番組だった。

僕は、しばらくの間、何気なく番組を見ていたのだが、思わず呆然となった。そこに映し出されていたのは、高橋が右膝の手術を受け、松葉杖で歩いている姿であり、その後のリハビリ、あるいはトレーニングシーンだった。そして、幾つかの場面には、キャスターをつとめる松岡がクロスしていたのだった。

僕の口許から言葉が漏れた。

「おいおい、テレビ朝日のスタッフは、名古屋のレースの遙か前から、高橋の〝事実〟を把握していたんじゃないか……」

ドキュメンタリー終了後、高橋が登場して、松岡にケガ、手術、トレーニング、そしてレースなどを、時に笑顔、時に涙で語るのだが……。

僕は、このドキュメンタリーが、どのような経緯でつくられたのかは知らない。しかし、メディアはテレビ朝日だけでなく、高橋が手術していたことを先刻承知していたのではないのか。では、なぜ隠蔽しなければならないのだろうか……。

女子マラソンの商品価値、その質を落とさないことが、広告代理店、スポンサー、メディアにとって肝要なところだ。日本の女子マラソンが、有森裕子、高橋尚子、野口みずきと引き継いできた、メダルで付加価値を付け、広告契約料で大きなカネを得るという図式、それは高橋尚子というキャラクター商品が絶対的価値を持つのだ。有森裕子でも、同じ金メダルを獲得し、日本最高記録を持つ野口みずきでも、なぜか？　ないのだ。

小出義雄の言う、天真爛漫な性格、マラソンを楽しむ姿勢、ゴール後の笑顔。確かに、そういった要素も、かつてはあっただろう。しかし、現実はすべてビジネスであり、マネージメントなのだ。プロ化とは、そういうことなのである。

高橋の所属するスポーツマネジメント会社、ＡＲＳ社長の安野仁は、こう話している。（朝日新聞・ＧＬＯＢＥ、二〇一〇年十一月二十二日）

「金メダリストになっても、それだけでスターにはなれない」

「Qちゃんは受け答え一つでも、相手にどう伝えるかを考えている。彼女はスターになると直感的に思った」

〇四年、米大手スポーツマネジメント会社ＩＭＧの日本社員だった安野が独立してＡＲＳを設立、スポンサーとの交渉、マスコミ取材を取り仕切る。安野の関心は、引退した後も「高橋尚子」ブランドの価値を落とさないようにすることだという。そして、「これからもいろんな色で高橋を輝かせてみせる」と。

女子マラソンの商品価値とは、企業とメディアが手を組むことによって成り立っている。商品価値をいかに作り上げ持続させるのか。時にそれは、マラソンの本質とは乖離したものとなってゆくのだ。メディアという男社会は、男にとって都合のいいヒロイン像を作り上げてゆく。また、選手自身も、メディアに受けることを意識し始め、メディアに沿ったヒロイン像を見せることになった。それは、「愛らしさ」であり、「美しさ」(!?)であり、「あつかい易さ」でもある。時には涙も必要だろうか。ヒロインは、ひたすら笑顔の中で、沿道の観衆に対して感謝の言葉を投げかける。「皆さんのガンバレの声援が、私の背中を押してくれました」と、メディアに愛されるランナー像を演じてみせるのだ。今や、商品と化した女性ランナーが、企業とメディアによって作り出される。しかし、今日的スポーツシーンにおいて、企業とメディアは、いつでもお手軽な使い捨てできる人材を欲している。ヒロインは、一過性の中で輝き、そして褪せてゆく、代わりはいくらでも作れるのだ。今、女子マラソンも、その流れの中で推移している。

余談になるが、名古屋国際女子マラソンの前の、〇八年一月に行われた大阪国際女子マラソンにおける福士加代子のフラフラゴールは、レースの前半を飛ばし過ぎた結果の、低血糖による虚脱が考えられるが、練習不足こそが大きな原因なのだ。しかし、テレビ中継は、そのフラフラを延々と映し続け、アナウンサーは感動的とばかりに絶叫する。このクレージーな演出に、多くの視聴者は誑《たら》し込まれてゆくのだ。言って見ればメディアは、視聴者をその程度の人びとと軽んじているのである。

また、北京オリンピック出場を逃した高橋は、その後、〇八年十一月の東京国際女子、〇九年一月の大阪国際女子、同年三月の名古屋国際女子マラソンの三大会連続走破計画を次の目標に掲げるのだが（その前に引退して実現せず）、この計画にしても、高橋の意識とは別の、スポンサーとの問題、メディアに露出することによる商品価値の延命など、さまざまな事柄が絡み合ってのことなのだろう。三大会で高橋が走るということは、同じレースを走るランナーたちを〝思い遣る〟という想像力が欠如していると言わねばならない。三大会は、高橋個人のイベント大会ではないのだ。

僕は、決して彼女らの個人的資質を非難しているのではない。彼女らは、メディアやスポンサーなどに翻弄されている自らに気付いていないのだろう。また、彼女らの周囲に、本質的な道理を教える人間がいないのだろう。

今日、中学生女子ランナーが、「私の走る姿を見て感動して下さい」と語る時代、スポーツにおける中継でさえ、過度な演出によって、人びとの思考回路は蝕まれてゆく。

〇九年、三月二十二日、第三回東京マラソン。

男子のトップランナーがゴールテープを切ってから、どのくらい経ったのだろう。メガマラソンのラスト、男子の一般ランナーの集団の中に、女子トップのランナーが見え隠れしながらゴールを目指していた。トップは那須川瑞穂だ。テレビ中継は、サングラスを掛けた那須川をズームインしながら、アナウンサーは、空虚な絶叫とお手軽な感動の演出に取り掛かる。

ゴール前、那須川は女子ランナーにとって、それが〝決まり事〟のように徐《おもむろ》にサングラスを頭に上げ顔を露にする。

瞬間、この日のテレビ中継のゲストだった、タレントの小倉智昭がハイテンションの声で言い放つ。

「美人ですねぇ、美人ですから、これから人気でますよぉ」

小倉の言葉に、解説者の瀬古利彦は、一瞬、戸惑いを見せたように言葉を洩らした。

「……、ああ、美人だ、美人だ。サングラスを掛けていたからわからなかった」

どこか投げ遣りな言葉だった。

メディアにおける女子マラソン（スポーツ）の作られ方の実態が、露呈した瞬間だった。かつて、オリンピックにも出場した競泳選手の千葉すずが、こんなことを言っていたのを聞いたことがある。

「メディアは、女性アスリートの競技力よりも、女性アスリートの容貌に関心を持っている」

まさに、フォトジェニック、テレジェニック、メディアジェニックである。メディア受けするアスリート、とりわけ女性アスリートに対しては、それは露骨なものだ。自らの意志と言葉を持っているアスリートは、扱い難いということで、バッシングさえ受け兼ねない。

たかがスポーツ中継と思っているうちに、人びとの脳味噌は、「経済至上主義」でがんじ搦めになったメディアによって、真実とは遠く離れた所へ連れて行かれ捨てられるのだ。それは当然のことに、スポーツという世界だけではなく、政治、経済、社会の分野でも巧妙に仕掛けられ、人びとはその罠に嵌《はま》ってゆくのである。

二〇〇八年十月二十八日、高橋尚子は、広告代理店、スポンサー、メディア、そしてファンの圧倒的支持の中で、惜しまれつつ引退した。翌日のテレビ、新聞は、多大な時間、紙面を高橋のために費やした。それはあたかも、社会現象といえるほどの狂騒でもあった。

高橋尚子、当時三十六歳。「Qちゃん」の愛称をもち、メディア的表現を用いれば、〝笑顔で駆け抜けたQちゃんのマラソン人生〟となる。

狂騒から時間を経て、現在の高橋は、メディア的には冬のマラソン、駅伝シーズンにテレビ解説をし、ときおり企業広告のイメージキャラクターとして登場するというのが、大方の知る範囲だろう。もはや高橋の周囲に狂騒はない。

僕の中に残存しているものと言えば、「あきらめなければ夢はかなう」という拙いワンフレーズであり、初めてリクルートランニングクラブを訪ねた日、『ここに選手が囲われている……』という奇妙な感慨だけだった。

僕は、そのときの直感的な印象を、サポートコーチだった大胡光次範に問いかけている。

「私も選手に対しては、それは思っていました。ふだんはテレビを見たり、走るためだけの体のケアをしているというか……。ああいう隔離された場所にいるだけでなく、外に出たほうがいいと。あとは、スタッフが全部やってしまうということも、あるのかなと思いますね。国内でも海外に行くにしても、全く苦労や辛い思いもせず、車もあり、練習場所までの移動も、何も公共交通機関を使わずに、車で連れて行ってもらって練習して、だから、練習の場というのは何もしなくていいわけです。そういう面では、他のスポーツのほうが、自分で海外へ遠征に行ったりしていると思いますね。ああいう所にいると、自分のことだけわかってほしい、自分だけ見てほしいというふうになってしまうのでは……」

大胡は、思いを巡らすように話した。

「思いつづければ夢はかなう」、「あきらめなければ夢はかなう」

彼女らは、こう言ったステレオタイプ（紋切り型）の決まり文句を語ることが多い。日常の中から紡いだ言葉を語ることは少ない。日々、合宿所というマンションに囲われ、午前と午後の練習以外、接する人は限られた生活の中、チーム内の関係だけが、彼女たちの思考回路を作り出すのではないのだろうか……。女子ランナーのインタビューを聞くたびに、彼女らの言葉の稀薄なことに不安を覚える。

翻って、インタビューを受けるアスリートから、共に闘ってきた者たちへ、あるいは敗者への思い、他者の悲しみへの理解とでも言おうか、そういった言葉を聞いたとき、僕は、彼ら彼女らのスポーツを通して生きてきたプロセスに思いを馳せる。

今、日本の女子マラソンは、男子同様に低迷傾向にある。たとえば他のスポーツが、海外を見据えて闘っている時、日本のランニングシーンは、駅伝という内向きな行為にしがみついている。内向きな行為は内向きな思考を生み出し、自らを客観的に見ることができないばかりか、他者への想像力を失ってゆく。「ガラパゴス化」という言葉が流布される今日、独り善がりの言葉ではなく、他者への共感が欲しい。メディアに向けたワンフレーズは、もういらない。

五章　テレビに向かって走れ

二〇一〇年、二月二十六日、冷雨。僕は、表参道のレストランで、一人のスポーツプロデューサーと会った。僕が、スポーツプロデューサーの杉山茂に会おうと思ったのは、ある雑誌の巻頭言に書かれていた杉山の文章に強く引かれたからだ。そこには、こう書かれていた。

（前略）

どのようなきっかけかは詳らかにしないが「スポーツは文化だ」と声高に叫ばれるようになっている。いったい、これまでの日本のスポーツは何だったのか。文化ではなかったのか。正確に言えば文化としての自覚の薄い人たちが、妙なリードで進めていただけなのである。

妙な、とは、スポーツを小さな世界に閉じ込め、安住をむさぼる姿だ。新しい風への警戒ならまだいい、新しい波への嫌悪であり、閉鎖の繰り返しであった。そのために、日本全体のスポーツ観が著しく貧しくなった。

若い感覚が求める構造の変革は、安住者たちの反発を受け、実らぬまま時が経つ。古い時代を継承させるのが、スポーツの美徳とした風潮は、いつしか日本のスポーツ界を身動きできないものとした。

時の流れは、容赦なく襲ってくる。そこでようやく「文化」となる。そうなって改めて見つめてみると「文化」と号してよいものか、心配だ。（後略）

杉山は一九三六年生まれ、五九年にディレクターとしてNHKに入局、スポーツ番組の企画・制作・取材の他、放送権交渉にも携わり、オリンピックの取材は夏、冬、十二回、八八年から九二年までスポーツ報道センター長を務めた。

レストランの賑わいの中で、僕はテーブルを挟んで杉山に対座し、名刺を交換する。杉山は、名刺に目を落とすと、フッと考えごとをするような表情をしてから、柔らかく言葉を継いだ。

「あっ、この名前、見覚えがありますよ……」

瞬間、杉山の瞳が、僕の瞳とクロスした。

僕は、わずかな戸惑いを感じながら言った。

「たぶん……、小人プロレスの本では……」

杉山は、あーっというような表情をしてから、微笑んだ。

かつて、僕は、著書『笑撃！　これが小人プロレスだ』の中で、テレビと小人プロレスの関係性について書いていた。

そして今、テレビスポーツに半世紀以上コミットする杉山に、スポーツとメディア、とりわけテレビとの関係性について、僕は問いかけていた。

杉山は、明快な言葉で、スポーツ中継の歴史から語り始める。

「テレビは、一九五三年から本格化するわけですね。もちろん当時は、各家庭にテレビなんかない時代で、街頭テレビの時代なんですけど、その頃は、新聞の放送欄もラジオのほうが大きくて、テレビの方が添え物みたいな時代で、まだビデオテープも開発されていないし、機材も非常に少なかった時代です。その、テレビができた頃からマラソン中継なんかをいきなり考えたわけじゃないんです。だんだんに機材が発達してきて、もう、ほとんどの体育館スポーツとか、ボールゲーム、ラグビーやサッカーなどが全部作れるようになる。となると、やはり少々技術的に込み入ったものをやりたくなるわけですね。技術的に込み入ったものは何かと言えば、ボートレースとか、マラソンとかそういったようなものですね。まぁ、変な言い方ですが、サッカーとかラクビー、バスケットボール、陸上競技というのは、観客が見ているほぼ同じものをテレビが映し出しているわけです。マラソンは、四二・一九五キロすべてを見ている人は、関係者しかいないわけですね。ボートもそうです。F1も、アルペンスキーもそうです。そういう観客が見えない部分というのを映し出して伝えようというのは、機材の発達で当然出てくるわけです。その中でもテレビというのは、ディレクターとアナウンサーが作るなんて大層なことを言いますけど、実は技術の世界なんです。技術力というものが、すべてを支えているのがテレビなわけで、中でもスポーツ中継というのは、完全に技術のもので、カメラ、ビデオテープ、あるいは電波、無線というのもあるんですが、テレビが発達することは、イコール、技術の革新に繋がってくることなんです。

そこで、いろいろなものに挑戦したくなる。体育館や競技場でのスポーツ中継では飽き足らず、移動性のあるもの、外で動いているもの、そして同時性が伝えられて、その全体を観客が見られないもの。そこに製作陣も技術陣も欲がでてくるわけです。その恰好のものがマラソンだろうと、テレビができてから五年くらいたった辺りから考えたんですね。それだけだったら、なかなか生み切れなかったと思うんですが、一九五八年に、六四年に東京オリンピックが日本で開催されることが決まっていた。それがやはり、技術陣を奮い立たせて、東京オリンピックのマラソンのフルコースをやろうじゃないか、となるわけです。そのとき、六〇年のローマオリンピックのマラソンは、全コースの中継がないことを同時に知り、テレビという文明の技術的な部分の、非常に勇み立つ要素がスポーツ中継にあって、中でも、技術陣の意欲を高めさせる要素がマラソンにあったということが、一番大きいことだと思います」

ＮＨＫの技術陣が、東京オリンピックでマラソンの中継を考えてから実践に移すまでに、時間はかからなかった。ＮＨＫは五八年十二月、軽トラックにカメラを載せ、栃木県宇都宮市での第十二回朝日国際マラソンの中継を試みている。スタートとフィニッシュになった栃木県営陸上競技場にタワーを建て、軽トラックからの送信を受けたもので、電波が届く範囲に限られた生中継だったが、その後の発展を期待させるものだった。そして、六三年五月には、東京オリンピックのコース、甲州街道を使って毎日マラソンが行われ、このレースはＴＢＳが完全生中継し、ＮＨＫは、同年十月のプレオリンピックのレースを中継した。

「東京オリンピックで、マラソンをやろうというのが一大使命になったわけです。当日、僕は折り返し地点にいました。五九年にＮＨＫに入局し、六〇年のローマオリンピックで、特にアベベという裸足で走った強い男が出てきた。また、マラソンはそのときから日本の期待種目であった。そこに意欲みたいなものがありました。僕がＮＨＫに入った頃から、東京オリンピックに対するいろいろな計画があった中でも、マラソンはぜひともやりたいということが、全局的にありましたね」

東京オリンピックのマラソン中継は、鉄人アベベと、競技場トラックでの円谷とヒートリーのデッドヒートが、視聴者の心に強く焼き付いた。そして、マラソン中継は、ＮＨＫの独壇場の時代が長く続くのだった。

「そうですね。東京オリンピックはＮＨＫが中心になって作りましたが、民放各局も一つの意欲のターゲットだったわけで、ＴＢＳも六三年に中継していますが、ただ、マラソンというのは、機材とスタッフの数がべらぼうなんです。そういうことが、民放の制作費の採算性に、非常にバランスが悪くて手出しができなかったんですが、だんだん日本のスポーツの商品価値が低くなって、マラソンくらいしか視聴率が取れなくなってくると、民放が参入してくるわけです。それは、七〇年代頃だったと思います。東京でマラソンをやるというのは、七九年の東京国際女子マラソンまでなかったんじゃないですか。あのときは完全に視聴率というか、民放の、今ふうに言えば、キラーコンテンツとしての高まりがあったんです。ただ、七六年頃まで、移動中継車をどのテレビ局もあまり持っていなかった。しかし、マラソンレースが民放各局の一つの競争の商品になったことによって、移動中継車だけでなく、いろいろなものを投入できるわけです。たとえばオートバイを使う、そうすると、トップだけでなくいろいろなストーリーが編成できる。旧態型の東京オリンピックのマラソン中継では、トップしか映せない。つまり、アベベカメラなんです。それが、カメラが軽量化し小型化し、電波や無線をコントロールできるようになると、さまざまなストーリーが組めるわけです。トップだけを撮るのではなくなるわけです」

民放がマラソン中継に参入することによって、マラソン中継は技術革新が加速すると同時に、マラソンレースという商品を取り巻く環境も変化していった。当然のこととして、民放の原理原則はコマーシャリズムと視聴率によって支配されている。そしてそこに、作る側の論理が介入することになる。

「そうですねぇ、誰が勝ったかというより、誰がどうなったかに変わる。誰が勝ったかしか伝えられなかったものが、誰がどうなったか。そこに今度は、瀬古、宗兄弟といった、かつてのランナーとは桁違いのスター性をもったランナーが出てくるわけです。それは、かつてのランナーの強い人としての存在だけではないスター性、これを作るのは明らかにテレビですね。だから、どうなったということに興味を覚えさせるとなると、そこで、どうなったというモノのストーリーを用意するようになるんですね。

民放のやり方だけが悪いわけじゃないですが、要するに、スタートしてしばらくして、そこで、この分だとすごい記録が出るっていうのはナンセンスですよね。誰だって、最初の一〇〇メートルを四十何倍すれば凄まじい記録になるわけですから、そういうものは、一つのアナウンスメントからくる意図的な台本の作り方になってくるわけですよ。それはやっぱり、テレビの競争の中で、最後までチャンネルを変えないで下さいというモノがあると思うんですよ。

民放の人と話すと、そういう作り方は、仕方がないというより、そうでなければならないくらいの言い方をしますね。それは結局、スポンサーに高い制作費で高い視聴率を期待できるということを売り込んで、スポンサー料を高くしているわけですし、それから、マラソンはアットホームなスポーツだということから、スポンサーも付き易い。では、その人たちに何をお返しするかといったら、東京国際女子マラソンを資生堂がバックアップして、翌日、資生堂の化粧品が売れるわけないわけですよ。そうすると、資生堂が出したお金、スポンサー料に対して見合う。私たちをバックアップして下さった結果はこうだったというのは、世界記録が出るよりも、視聴率が何％あって、これで二千万人が見たというほうがイイわけですから、そこのところの視聴率の使い方というか、ノルマというか、そういうようなモノが当然影響しますから、放送時間の二時間三〇分程の間を繋ぎ止めるという必要が絶対出てくるわけですね。だから、そういう点では、今でも弱い選手、強い選手のそこの区別はありますけども、かつてのショーターやアベベのような終始独走型であったら、マラソンの視聴率というのは、なかなか稼げないわけです」

テレビ中継を見ていると、ほぼレースの結果が出ている場面においても、しばしば解説者が、「まだイケルと思いますよ」というような発言で、日本選手に対する期待感を持たせようとすると場面がある。そんなとき、僕はこの解説者はスポーツの何を解説しようとしているのだろうか……という、不可解な思いが心を過《よぎ》る。また今日、主要なマラソンレースにおいて、ペースメーカーが存在していることは、誰でもが知っていることだろう。好記録を出させるために、主催者側がペースメーカーを用意するのは普通のことになっている。また、主要レースの主催者には、多くのマスメディアが共催、後援も含め名を連ねている。しかし、ペースメーカーの存在は、見方を変えればレースをつまらないものにしていることに気付いていない。

最近良く聞く話だが、マラソン中継は、スタートと三〇キロ以降を見れば事足りるという意見だ。これは、テレビの自殺行為ではないのだろうか。また、ランナーにとっては、極端に言えば、思考停止の状態である地点まで走る。なぜなら、先導役のペースメーカーが三人いたとすれば、それぞれ、ハーフ、二五キロ、三〇キロまで走る契約ならば、レースの有力ランナーは、ペースメーカーの背後で、三〇キロ以降だけを考えて走ることができるわけである。

主催者側、民放各局は、好記録がでるという期待感を煽りながら、視聴率の底上げを狙っているのだろうが……、果たしてそれは機能しているのだろうか。そして、メディアは、これらの現象をサバイバルレースというキャッチコピーで表現するのだが、僕には到底そうは見えないのである。そこにあるのは、テレビというメディアが演出し操作する、見せかけのサバイバルレースではないのだろうか。

〝人生はマラソンのようなものだ〟という言葉にしても、それは今日的レースを見る限り死語になったことがわかる。少なくとも、ペースメーカーという重石の背後で群れの中に留まり、その後の一二キロ余りの駆け引きだけを考えて走るという、マニュアル化したレースに漫然と慣れてしまうと、オリンピックや世界選手権といったペースメーカーのいないレースにおいて、自らの肉体と精神が全く機能しないことに気付くだろう。

時に、ペースメーカーという存在に目を向ければ、外国人ペースメーカー、とりわけアフリカ勢のペースメーカーは、大会前にペースを覚え込ませても、なかなか一定の速さで走ってくれないという。それは、彼らには野性の魂が宿っているからだ。自然は単調なリズムを嫌うのだ。野性の魂を持ったランナーは、失敗を恐れず躍動し疾走する。だからこそ、アベベ・ビキラの走姿には、深遠という言葉が長く投影されているのだ。

一九六四年、東京オリンピックにおけるアベベの計り知れない走りから五三年、今日、隆盛を極める日本のランニングシーン。その中で最も象徴的な競技、「駅伝」。

「駅伝」という言葉を僕が知ったのは、いつのことだろう。

僕が初めて、走るということに強い興味と、衝撃を受けた十四歳の日、僕の中に「駅伝」という事象は全く存在していなかったことに、今気付く。そして、走るという行為が僕の生活の大きな支柱になる頃、僕の中に芽生え認知された「駅伝」は、牧歌的で大らかな心象だった。

田園風景の中を走るランナーの、土の匂いのする走姿からは、誠実さと謙虚さが表出していた。

日本で初めての駅伝は、一九一七年「奠都《てんと》記念東海道五十三次駅伝徒歩競走」で、京都三条大橋から東京上野の不忍池までの五〇八キロを二三区間でつなぐレースだった。そして、この大会で初めて「駅伝」という言葉が使われた。江戸時代、宿場をつないで荷物を運んだ伝馬制に似ていたので、この呼称がついたといわれる。

一九二〇年になると箱根駅伝が開催される。大会は、「日本のマラソン王」と呼ばれた金栗《かなくり》四三《しそう》が、一九一二年、ストックホルムオリンピックのマラソンで落伍、棄権した教訓から、マラソン選手の強化養成のために発案したという。

一九二〇年二月十四日午後一時、有楽町の報知新聞社前から東京高等師範、早稲田、明治、慶應義塾の四校の選手がスタートして箱根駅伝（当時は四大校駅伝競走）が始まった。当時の選手たちは、午前中は学校の授業に出席、午後からレースに参加するということで、レースは夜も走ることになったが、そこでは地元の人びとが協力して松明《たいまつ》を持って伴走するなど、選手の安全を確保してくれたという。その後、箱根駅伝は年々参加校を増やしながら、関東の大学長距離走の一翼を担うものとなり、マラソン選手の強化養成という効果も機能していった。しかし、四三年、第二二回大会後は太平洋戦争によって大会は中断、敗戦後の四七年の再開まで待つことになるのだった。そして、一九五三年、NHKがラジオで全国放送を開始、箱根駅伝は全国に知られるようになり、五六年の第三二回大会から現在の一月二日、三日に行われるようになった。

六〇年代から七〇年代、箱根駅伝は華やかさとは遠い、飾り気のない気風の中で続けられ、そこには金栗四三の思い、言ってみれば、失敗から学ぶ真摯な姿勢が生きていた時代でもあった。しかし、八〇年代を前にして状況は変化してゆく。その前兆は、一九七九年から始まっていた。今までNHKの独壇場だったマラソン中継に、民間放送が本格的に参入してきたことだ。七九年二月、TBS東京放送、RKB毎日放送、CBS大分放送の共同制作によって、別府大分毎日マラソンが中継され、また、同年十一月には、テレビ朝日が日本初の国際女子マラソン、第一回東京国際女子マラソンを中継、大きな成功をおさめた。

この状況を他のテレビ局が指を銜《くわ》えて見ているはずもなく、八一年二月には、読売・日本テレビ東京マラソン、三月にはフジテレビが東京ーニューヨーク友好81東京マラソンを中継する。しかし、翌年からは警視庁や日本陸連の要望から、東京における交通規制の問題などを考慮し、偶数年は日本テレビが、奇数年はフジテレビが中継することになった。

このマラソン中継に民放が参入した時期と重なるように、箱根駅伝も一九七九年からテレビ東京が放送を開始する。しかし、七九年から八三年までの放送は、一月三日の一時間（八一年は一時間半）で、二時間番組として放送するのは八四年からだった。僕自身もこの放送を見ていたが、なんとも間延びした放送だったと記憶している。往路と復路のダイジェストをビデオ放送してから、生中継は鶴見からゴールの大手町の間だった。この間も選手が画面に映らないということもあり、風景だけが流れているときもあった。

箱根駅伝、その中継は当初、技術がすべてだった。とりわけ箱根の山を中継することが最大の問題だったという。そして、それらを解決すること、一九八七年、箱根駅伝（東京箱根間往復大学駅伝競走）は、日本テレビによって二日間の四部構成、放送時間七時間五〇分で中継され、八九年には、全区間を一一時間五分の完全生中継される。

今日、箱根駅伝は、新春の風物詩と言われる存在になった。日本テレビの中継は、毎年一月二日、三日の両日、三〇％近くの視聴率を稼ぎ出す。箱根駅伝は、春夏に甲子園球場で行われる「高校野球」同様の、国民的行事に成り上がったのだ。

今や箱根駅伝を批判的に捉えることは、「高校野球」と共にタブーになってしまった。批判的に捉えるだけではなく、有りのままに書き伝えることさえも憚られる風潮があるという。タブー化する人びとの背景にあるモノは、「努力」「忍耐」「根性」とでも言おうか、「健全」「純真」な若者たちの汗と涙を、あなたは否定するのかというアナクロニズムに他ならない。そして、そのアナクロニズムを、大衆、いや、群れたる人びとに摺り込んでゆくのはメディアなのだ。メディアは、〝焚き付け〟〝煽り〟〝誑《たら》し込む〟の三原則において視聴率を、部数を稼ぐことに血眼になる。利益を得るためには、弊害など二の次なのだ。

駅伝は、世界の長距離競走の潮流とは隔絶した特殊な競技であり、「個」、あるいは「孤」よりも血縁、地縁に根差した「縁」に重きを置く近代の日本人的発想の競技である。そのど真ん中に箱根駅伝が存在する。箱根駅伝を検証する中で、今日的メディアの何が見えてくるのだろうか。

一九九一年一月二日、僕は強い違和感を持ちながら、箱根駅伝のテレビ中継を見詰めていた。画面には、もはや血の気の失せた一人の青年が、意識朦朧状態のまま左右に揺れるようにして歩いていた。時に立ち止まり弱々しい表情を見せながらも、一瞬また走ろうとする。僕の心に悲しみが広がった。

僕の抱いた強い違和感、それは青年に対してではなかった。青年の行為を、〝ここぞとばかりに〟延々と映し出す画面と、実況するアナウンサーの絶叫に対してだった。

ブレーキシーン、それは見る側に強いインパクトを残し、感動を喚起させるという。予期しない〝悲劇的〟シーンこそが、視聴者に強い興味を持たせるのだという。しかし、今日現在に至れば、予期しない悲劇的シーンを待ち構えるテレビ局と、視聴者が存在する。ここには、映される側への配慮がない。なぜなら、どう理由をつけようが、そこにあるものは視聴率という数字にがんじ搦めになったテレビ局と、その映像に焚き付け、煽られ、誑し込まれてゆく視聴者がいる。

このブレーキシーンの当事者、当時、早稲田大学一年生だった櫛部静二（現在・城西大学経営学部准教授・同大学駅伝部監督）は、後年こう記している。

私にとって、はじめての箱根は、高校2年に全国大会で勝ってから、一番の屈辱レースであった事はいうまでもない。（中略）かつて高校時代には失敗することもなかった私だが、この大きな失敗により、箱根駅伝での失敗の代名詞的存在となり「失敗は許されない」「人から見られているのではないか」など、大きなトラウマとなり、健全ではない精神面を持つようになってしまった。

そして、私は箱根に憧れて陸上競技をはじめた訳ではないのに、それが大失敗のレースとなって「本当の実力ではない」と無様な姿を払拭したい一心で、箱根駅伝が目標となっていた。（中略）私以降も何人もの大ブレーキやリタイアなどがあったが、そこにはその人のそこに至るまでの過程があり、思いもある。大会の注目度が高まり、失敗をあまりにも大きく取り上げていくことは大会本来の本筋を間違った方向へもっていく危険性が高く、少なくともあのような〝事件〟はその後の競技人生、そして性格まで変わるまでの出来事になった。

そして今、指導者となった櫛部はこう語る。

「いまの学生のなかには襷を渡したあと、テレビを意識して過剰に倒れ込む選手もいるように思います。僕が学生のときには瀬古（利彦）監督から『できるだけ倒れ込むな！』といわれましたが、そういう面で当時といまは少しずつ違ったものになってきているのではないでしょうか」

「注目されるという部分では有り難いですし、社会人となったいまでは、テレビ局側の思いも理解できるので、しょうがないのかなという気持ちもあります。ただ、ブレーキやシード権争い、倒れ込む場面といった、純粋な順位争いとは違ったところでドラマ性を強く求めたり、へんにあおったりすることで、学生たちの意識を変えさせている部分もあると思います。勝負事である以上、勝者をよりクローズアップし、その他は経過を追う程度に留めるという感じで、もう少し全体の配分を変えたほうが、本来の競技性もさらに増すと思いますし、敗者が美談となって取りあげられることも少なくなるのではないでしょうか」

櫛部のブレーキシーンに対して、箱根駅伝の中継立ち上げに深く係わり、企画、制作プロデューサーでもあった日本テレビの坂田信久は、当時、統括的な立場で後輩たちの仕事を見守っていたという。坂田は櫛部のブレーキシーンがモニターに映し出されたときの思いを、こう表現していたという。

「その姿に胸痛めながらも、テレビマンとしては素直な喜びを感じずにはいられなかった」

そして、こう語っている。

「たしかにこのとき田中（著者註、当時のプロデューサー、田中晃）は、ブレーキのシーンにいつまでもこだわることに迷っていました。やっぱり爽やかな映像ではないですから、これ以上突っ込んでいいのかどうかということでしょう。それで、彼がどうしますかっていう感じで振り返って見たとき、僕はそのままで行こうといったことは覚えています」

また、ブレーキシーンを放映することに対する賛否の声に対して、坂田は、こう結論づけている。

「僕はそのことで迷うことは一切ありません。基本的には、日常的な状況ではない映像を中継で流すときには、なぜ中継したのかということを人にきちっと説明できなければいけないと思っています。僕自身、一番大きな判断基準はその部分なんです。箱根におけるブレーキのシーンは、多くの人が見たいというところで人にはきっちり説明がつくと思っています」

果たして、〝多くの人が見たい〟という坂田による断定はどこから来るのだろうか。そこには逡巡はないのだろうか。僕が持った違和感は、少数の異質な感情なのだろうか。また、そこには明らかに映される側への配慮はない。櫛部の言うように、ブレーキシーンは、その人のそこに至るまでの過程や思いを描き語ることはない。ただ、刺激的シーンに小躍りする小児病的な意識が垣間見える。

坂田は、こう語りつつもまた、〝テレビが箱根を変えてはいけない〟という精神こそが、受け継がれなくてはいけないとも考えている。では、その精神は、今日のスタッフに受け継がれているのだろうか。

僕が出会った、かつて箱根駅伝に出場した人びとが、異口同音に語る言葉、それは、「今の学生は、テレビに向かって走っている」という言葉だった。テレビによって偶像化された箱根駅伝、選手もまた、焚き付けられ、煽られ、誑《たら》し込まれているのだ。そして、多くの学生ランナーが、箱根だけを目的化することによって弊害が起こっている。箱根のためだけのトレーニングに終始し、世界を見据えた長期的な視野の広いトレーニングを怠り、箱根が終わればバーン・アウト、燃え尽きてしまうのだ。そこには、内向きな思考と稚拙な自己完結が支配する。駅伝ランナーの大量生産、大量消費である。

世界の中長距離走、マラソンの趨勢はアフリカ、とりわけケニア、エチオピアにある。彼らの日々の暮らし、環境が、彼らの野性を研ぎ澄まし持続させる。そして、自然の地形でのトレーニングこそが、ランナーの先天的能力を引き出す。そこにはトラックに欠けているものが満たされており、どんな科学的方式もこの自然で本能的な練習方法と置き換えることはできないのだ。

再び、スポーツ中継に深くコミットしてきた杉山茂の言葉を聞く。

「箱根駅伝の中継は、並大抵の仕掛けではないわけです。僕は、日本テレビとスタッフがやったことに敬意を持っています。ただ、僕が坂田君と一番激論を闘わせたのは、走り終えた選手が倒れ込むことなんです。それはね、織田幹雄さん（一九二八年、第九回アムステルダムオリンピック三段跳で、日本人初の金メダルを獲得）が大嫌いだったことなんです。昔は、倒れ込まないと、応援団とかOBが、そのランナーに全力を尽くしていない、死力を尽くさなかったということで、非常に批判されるということで、『おまえ、ＯＢや応援団がうるさいから倒れ込め』といったふうな大学もあったように聞くんですよ。ああいう倒れ込んだりするのは、日本人のどこかに、死力全力を尽くしたというものを、知らず知らずの間にそういうアピールをするというか、そういうものを植え付けてしまう。日本のスポーツの土壌というか風土、それは怖いことだといつも思うんですよね」

箱根駅伝、それはかつて、金栗四三がマラソンの強化のために発案し始まったことはすでに書いた。しかし、今日それは主客転倒状態にあるといっていい。そこには、テレビ局による演出効果が絶大である。

①汗の沁み込んだ襷を繋ぐ　②シード権争い　③ブレーキやリタイア、この三点が感動を盛り上げる小道具だ。①は連帯責任　②は『母校のため』という帰属意識を喚起し　③は過酷なレースをアピールする。中継地点での過剰なまでのアナウンサーの絶叫や、襷を繋いだ後の倒れ込み、ローアングルからの映像、ブレーキを起こした選手を執拗に映すなど、歓喜と感傷の危ういドラマを繰り広げる。

八〇年代に活躍したマラソンランナーの瀬古利彦にとって、箱根はマラソンを走るための一つの通過点だったという。マラソンの練習をしっかりやっていれば、四二キロの半分の距離である箱根は簡単だったという。

八八年ソウル、九二年バルセロナオリンピックで共に四位に入賞した中山竹通は、もっと辛辣である。

「（箱根がステータス？）アホなんですよ。人生、箱根の後、社会に出てから大変なんで一番苦労する。一番勉強するんです。僕が愛知製鋼で監督やっていたときにも、箱根を走った子も入って来ましたけど、だけど来てみたら、なんだ？　この程度のレベルかって思いましたね。箱根見てても無難なんです。キロ三分五秒とか……、なんだコレって思いますよ」

二〇〇〇年、シドニーオリンピックの一万メートルで七位に入賞し、三十一歳でマラソンに転向。二時間六分一六秒の日本記録を持つ、現在、カネボウ陸上競技部監督の高岡寿成は、対談の場でこう語っている。

「（前略）どこでマラソンを走らせるか、それは指導者の手腕です。選手が感じる以上に指導者が感じて、いつという設定をしてあげる。（中略）『トラックが通用しないからマラソンへ』っていう動機じゃダメなんです。20歳がいいのか、25歳がいいのか、30歳がいいのか、そういう設定を、トレーニングとか体格を含めて指導者が見極めること。数値とか言葉だけでは表せない部分ですね」

「今、箱根駅伝で20㎞という距離が決まっているから、それに向けた練習しかしない。いつマラソンを走るかという個人のタイミングが作れない。最初から20㎞がありそれをどうやって走るかってことしかない。4年間という限られた時間で、それに合う子もいれば合わない子もいる。時間が短い分、リスクを背負っています」

しかし、現実は彼らが指摘する問題を置き去りにして、箱根駅伝はテレビによって剝き出しにされてゆく。その中で学生ランナーたちは、メディアに焚き付けられ、煽られ、自己を見失い、メディアを見て走っているのが現状なのだ。テレビにどう映るのか、新聞、雑誌にどう取り上げられるのか。自己陶酔の中で倒れ込み、嗚咽し歓喜するのだ。そして、箱根が終われば燃え尽きてしまうのである。

杉山は、こういった現象について、また、箱根駅伝の中継について興味深いことを語ってくれた。

「僕は、日本テレビの坂田君と話をしたときに、箱根駅伝というのは、NHKのラジオ中継で付き合っていた時代から見ていても、仮に一三位を映してもお客様がいると、その大学の関係者が。あれはそういう意味では、どう切り替えても、どう映しても、ワァーッと行くものはないから、そんなにあまりマラソンとは違った心配をする必要はないと言った記憶があるんですよ。現実にそうですよね。一三位でも一八位でも意味があるわけで、ナントカ大学の関係者とOBそういったものが。もちろんトップ、優勝争いはあるだろうけれど、それよりも、いかに自分、自分の所、自分の母校といったものが、僕らの言葉で言うと、いかに露出されるかといったところになってきてしまったわけですね。高校野球と箱根駅伝には、母校愛という訳の分からない巨大なモノがありますよね。また、ランナーがあれでどんどん燃え尽きてしまう。

少なくとも、日本人の駅伝大好きな体質が、日本の長距離、マラソンを支えていた時代ってあると思うんですよ。それが今は、大学駅伝、特に箱根があいう風な形になってしまうと、そこに今、モラルというかモチベーションがないんですね。それは、日本の長距離にとって悲劇的なことでしょうね。マラソンだったら自己完結型のものですが、駅伝という中に自分が入り込んでしまうことによって、なんか凄いことをやったみたいになってしまうんですよね。それが怖さだと思いますよね」

不意に、僕の心に一つの言葉が過《よぎ》った。

――その感動を疑え……。

かつて、元首相小泉純一郎が、大相撲の優勝力士に賞杯を授与したとき、満員の館内に響く程の声で、「感動した！」と絶叫したことがあった。その〝感動〟とやらを、テレビという増幅装置が垂れ流し、大衆という名の人びとに〝感動〟を摺り込んだ。日本の社会は感動したがる人びとで溢れ始め、二〇一一年三月十一日東日本大震災を境にして〝感動〟、見せかけの感動は絶対的なモノになった。そして今や、「感動をアリガトウ」とばかりに、沿道に出て社旗を記した小旗を打ち振りながら、一つ覚えの「頑張れ！」を叫喚する。

今日、箱根駅伝は、テレビ、スポンサー企業、大学によって膨張し、ビジネスの場となった。今や選手は、大学の広告塔になったのである。大学受験シーズン直前に行われる箱根駅伝は、大学にとって校名をアピールする絶好の機会だ。二〇〇九年に初優勝した東洋大学は、志望者数が前年比で一万人以上増加したという。そして、大学は有望選手の獲得に血眼になり、さまざまな特典を与えて選手の獲得に奔走する。

一九八四年、箱根駅伝第六〇回記念大会に、東京学芸大学チームの一員として第四区を走り、その後、中央学院大学の教員、コーチとして同大学の箱根出場に貢献した阿部悟郎（現在、東海大学大学院体育学研究科教授）は、その勧誘の現場についてこう記している。

「リクルートの現場は目も覆わんばかりの醜悪さが横行していると聞きます。怪しげなスポーツ推薦や特待制度、変な奨学金制度、理不尽な抱き合わせ入学、実体のつかめない栄養費等の支給、そして高校指導者や家族への裏金等、ちょっと前まではこんなことは無かったのでしょうけど。（中略）半ば金銭で選手を買い、講義にも出させず、学事歴を無視して長期にあちこちでトレーニングキャンプを張り、このような事態は、もはや学生スポーツを逸脱しているようにさえ思えてなりません」

今ここに、テレビによって変質させられた箱根駅伝があり、学生ランナーを取り巻く環境が露呈する。そこにあるのは〝拝金〟という、この国、この社会が搦め捕られている現実と深くクロスする。そこには、杉山茂が言う「スポーツ文化」は存在しない。経済の論理がすべてを支配し、思考停止した学生ランナーを弄ぶ。

杉山は言う。

「僕は基本的には、スポーツの楽しさを紹介する。今日、僕らの作ったテレビを見て、来週、その会場に飛んで行きたくなるような映像を中継したい。テレビを見ている人が、今度はスタジアムに行こうという気持ちになるような映像を送りたい。それが一番ですね。日本のテレビスポーツは、中継の制作力は世界有数の実力と実績を持っていると思います。欲しいのはスポーツ観を深める企画です。日本のスポーツは、市民文化としての成熟が立ち遅れている。そうした流れを変え、スポーツへ注ぐ目の厳しさを高めるのも、テレビの役目です。

それと、ちょっと気障なんですが、スポーツ愛、スポーツ愛っていうのは、アイが二つあって、スポーツを愛する愛と、スポーツを見る目のアイ（eye）、そういうものを解説者にも、アナウンサーにも、カメラワークにも、求めて作っていく中継が大事だと思います」

駅伝という内向きで特殊な日本的競技の中に埋没している間に、日本の男子マラソンは凋落の一途を辿っている。九六年のアトランタオリンピック以降、メダルに絡む走りを見せたランナーはいない。今や、日本のマラソン界は〝入賞〟が目標になってしまった。とりわけ学生期の十八歳から二十二歳には、単純なロードやトラックのトレーニングではなく、今日のスピードマラソンに不可欠な速い速度でのトレーニング、変化に富んだファルトレク方式のスピードトレーニングによってこそ、将来に繋がるランナーが生まれるのだ。中距離走、一五〇〇メートルにおいて、オリンピックに出場した選手が、一九六四年、五三年前の東京オリンピック以来出ていないことを見ても、この分野に対する意識が稀薄であり、立ち遅れていることがわかる。今や、日本では一五〇〇メートルは忘れられた競技なのだ。エチオピア、ケニアのランナーたちは、一五〇〇メートルから一万メートルを高度なスピードで走る。そして、そのスピードをコントロールしながらマラソンを走るのだ。高度なスピードの原点は一五〇〇メートルなのだ。

では、なぜ立ち遅れているのか。かつて、箱根駅伝を走り、また関東学園大学では学生を指導、現在は、「特定非営利活動法人あっとランナー」で市民ランナーを教える鈴木彰（代表理事）は、こう述懐する。

「やっぱり二十歳前後の大学生が、箱根を走っているよりは、一五〇〇メートルや五〇〇〇メートルをやっているほうがいいと思います。そうやって、若いときはスピードをつけていかないと……。

私もかつて、『ランナーズ』で、箱根駅伝がマラソンをダメにしているんじゃないかということを、一回書いたことがあるんですが。そのとき、読者からものすごく批判されました。箱根を冒瀆するのかくらい言われました。箱根をやっていたら、マラソンが強くならないのは、もう十年も二十年も前からわかっているんです。皆そう思っている。では、なぜ実現できないのかと言ったら、皆、駅伝で喰っているからです。もう、それに尽きる。私は大学を辞めたから、『ランナーズ』に書けたんです。思うところは皆同じなんですけど、それは口に出してはいけないことなんです。タブーなんです」

テレビメディアが作りあげた箱根駅伝のイメージの中で、金栗四三の思い、初心を忘れ、目先の利益に奔走している間に世界から取り残されていく。これはまるで、この国の未来を暗示してはいないだろうか。

六章　人はなぜ走るのか

二〇一五年二月二十二日、浅草駒形。

今にも小雪がちらつきそうな寒空に、報道のヘリコプターがホバリングしているのが見える。午前九時過ぎ、新宿都庁前をスタートした、九回目を迎える東京マラソンのランナーたちが、折り返し点の浅草雷門に近付いていているのがわかる。

僕は、いつものように、ランナーたちの走姿が往路、復路ともに見ることのできる駒形で待機している。僕の周囲には、まだかまだかとランナーたちを待つマラソンファンがいた。彼らの多くは中高年の男女で、防寒着を着込み、ときおり寒さ凌ぎの足踏みをしている。

ボランティアの動きが慌しくなってきた。

数メートル間隔でコースに並ぶと、「あと、一五分!」と声を掛け合う。

と、突然、先程からコンパクトカメラを持って、僕の隣にいた小柄なお婆さんが声を上げた。

「あんた、前に立つと見えないよ!」

メガネを掛け図体の大きいボランティアの若者に声を掛けたのだ。周囲から失笑が漏れる。

若者は振り返ると、すまなそうな顔をして少し体を寄せた。

警察車両が先陣を切ってから、先導車が通過すると、微かな音が聞こえた。沿道のマラソンファン、といっても大観衆ではなく、それなりの緩い間をおいて見ることのできる程度なのだが、その彼らがコースの先を凝視した。

微かな音が近付いてくる。微かな音は、低い車体の車椅子の車輪の音だ。車椅子？　この車体を車椅子と形容してイイものなのか僕は迷う。マシン、〝レースマシン〟と表現したほうが、ずっと納得できる。

くぐもった拍手が所々で起きる。なぜなら、皆手袋をしているので拍手が響かないのだ。そのため か、ボランティアが細長い二本のバルーンを叩いて応援する。バルーンの機能的な音だけが、レースマシンが通過するたびに、冷たいビル街に反響する。

間隔をおいて、十数台のレースマシンが通過した。実力差なのかマシンの性能の違いなのかわからないが、これ程の差がつくものなのかと、いつも思う。

不意に、コースの先から騒めきが細波《さざなみ》のように伝わってくると、アフリカ勢を中心にした先頭集団が小さく見えた。近付くにつれ沿道の観衆から感情の昂りなのか、奇妙な響《ど》よめきが起こった。先頭集団は見る見る近付いてくると、僕の前を瞬く間に通過し目の前から消えていく。その瞬間、アフリカ勢の野性の走りが脳裏に残存した。しなやかでダイナミックなその走りに、ふと、ガゼルを想起する。しかし、そこに少しの違和感も湧いて出た。それは、ビル街に下りてきてしまった野性の動物を見たときと同じ戸惑いだった。

アフリカ勢に引き摺られるように、日本人ランナーの姿がある。沿道の人びとは、メディアに露出し取り上げられたランナーの名前をとりわけ絶叫する。以前であれば、メディア的には市民ランナーの星と呼ばれた、川内優輝の名が圧倒的だったが、今回は出場していないので、沿道の人びとは手持ち無沙汰の様子である。それでも、僕の隣の小柄なお婆さんは熱心に声援を送る。アフリカ勢が通過すれば息を呑むように、わずかな呻き声を洩らし、日本人ランナーを見れば誰となく声を掛ける。先頭集団が通過してから、後続の集団がバラバラとやってきた。

ふと、お婆さんのそばにいた、黒いハーフコートを着込んだ五十代くらいの背の高い男性が、諭すようにお婆さんに話し掛ける。

「あの選手は、箱根駅伝に出てたんですよ……」

お婆さんは、一瞬、きょとんとした表情をしてから、言葉を洩らした。

「へぇ、そうかねぇ、箱根の選手かねぇ……ちょっと……、大したことないんだねぇ……。箱根の選手かねぇ……」

たぶん、お婆さんにとって箱根駅伝の選手は、絶対的ヒーローだったのかもしれない。それでも気を取り直して、お婆さんは声援を送る。そして、背の高い男性とも、以前からの親しい間柄のように話し始めた。

背の高い男性が、コースの先を指差しながら、お婆さんに再び話し掛ける。

「あっ、あの中継車には、Qちゃんが乗っているんですよ」

ビッグな中継車は、男子ランナーに交じって走る女子のトップランナーを映しているのだろうか。

ビッグな中継車が、沿道にいる人びとに風圧をかけて通り過ぎた。その瞬間、背の高い男性が、中継車の背後に向かって大きく手を振りながら叫んだ。

「Qちゃん！」

僕は、少々興醒める。

続々とランナーが通過する。この位置だとゴールは、二時間三〇分前後か……。

お笑い？　タレントの猫ひろしが、憔悴した青白い顔を見せながら駆けていった。

「ねこ！」「ネコ！」「猫！」と、笑いを含んだ声援？　があちこちから飛んだ。

時を経て、ランナーは一筋の流れから大きな流れに変わり、今、群れとなって僕の前を移動していく。

僕もまた、浅草駒形の地を離れ、復路、浅草橋の三〇キロ地点を越え、清洲橋通りを一望できる日本橋久松町の歩道橋に移動する。

曇天の下、遠く近くにピンク、イエロー、ブルー、グリーン、エトセトラ、同一の奇妙な蛍光色のユニフォームが、ヒラヒラひらひらと道路いっぱいに浮遊する。

かつて、ランニングシーンには、レーサー、ランナー、ジョガーという呼び名があった。レーサーとは、オリンピックを目指すエリートランナーである。ランナーは、記録的にいえば、マラソンにおいて三時間を切る人びとといえばいいのだろうか。ジョガーとは、健康のためにランニングを続ける人びとだ。しかし今、隆盛を極めるランニングシーンには、物見高い、俄仕立ての走りたがる人びとが増殖した。そして、そのことは、ランニングバブルを引き起こし、危うい綱渡りの状況といってよい。果たして、市井の人びとの走る行為はどのように変遷してきたのだろう。

市民ランナー指導の先駆者、山西哲郎は、一九七三年が日本における市民ランニングの始まりだという。欧米では、一九六〇年代に健康のために「エアロビクス」や「トリム」の代表的運動としてランニングが取り上げられ、急速に普及、その影響を受けて、一九七一年に「日本高齢走者協会（日本タートル協会）」が設立された。

一九六七年、東京オリンピック、マラソン銅メダリストの「円谷選手と走ろう」をキャッチフレーズに、第一回青梅マラソン（三〇キロ・高校生一〇キロ）が開催される。第一回大会には三三七人が出場、それ以降、第三回大会には六八〇人、七〇年の第四回大会には一一九三人と急激に増え、七三年には二四〇六人にまでになった。当初、メディアは、この現象を「大衆マラソン」と表現、その後、「市民マラソン」と変化していった。そして、第十回大会には、日本初のランニング愛好雑誌『ランナーズ』が創刊され、七七年、第十一回大会で出場者は一万人を突破し死者やケガ人まで出たが、空前のランニングブームになった。日本の市民マラソンは、青梅マラソンが牽引してきたのである。その間、海外では七三年にホノルルマラソンがスタート、七五年には、青梅とボストンマラソンとの姉妹提携が結ばれ、翌年には、当時の世界最高記録保持者、ビル・ロジャースが出場し優勝している。また、七八年、アメリカ人、ジェイムズ・F・フィックスの『奇跡のランニング』が日本で翻訳出版され、市民ランナーに影響を与えた。

こうしたランニングブームの中で、全国各地に市民レース（一〇キロからマラソンまで）が誕生し、多くの市民ランナーが参加するようになった。一九八七年には、兵庫県、篠山ＡＢＣマラソンで、マラソンだけで一万二七八五人が参加、河口湖マラソンでも一万人を超えるランナーが参加するが、レース数の増加に伴う参加者数の分散、人数制限、交通規制などによって、一九九〇年代に入り参加者数は頭打ちになり、ブームは終息するかにみえたが、その後も浮き沈みを繰り返しながらも、今日まで続いている。

その中で、芸能人がホノルルマラソンを走る〝ドキュメンタリー風〟テレビ番組の影響か、ほとんど走ったことのない人びとがホノルルマラソンを走る、観光とセットのホノルルマラソンツアーが企画され、多くの俄仕立ての走る人びとの群れが現出した。

自身もホノルルマラソンに参加した、盲人の落語家、笑福亭伯鶴は、一九九二年当時の状況を、こう語っている。

「初めてホノルルへ行った八五年はね、エイドステーション以外にものすごく現地の人の応援が多かったんですよ。でも、年々、現地の人の応援が減っているような……。

かつては、ホノルル市民の手づくりでここまで大会育ててきたのが、今は観光マラソンでしょ。それに日本人のマナーの悪さはなんなんでしょうかね。団体でツアー組んで、ドッドーッてバスで行くでしょ。スタート前に円陣組んでエイエイオーッて。そのうち、決意表明っていうかシュプレヒコール。〝何がなんでもゴールするぞーっ！〟って。おまけに片付けもせんのにジェット風船飛ばして。おまえらホンマに何考えているんかいって、病気やわアレは……！

それと十二月やからクリスマスツリーが飾ってあるんですが、走路の逆側からね、真横に横切って写真撮りに行ったり、同じツアーの仲間か知らんけど、突然立ち止まって写真撮ってもらうとか、そんなのヨーケありまっせぇ。

よそさんの国に寄してもろうて、道路使わせてもろうてんねんという謙虚さがないわぁ。ホノルルマラソンのルーツには、心臓病患者のリハビリテーションという、もう一つのテーマがあったということを、どれだけの日本人が知っててんのやろか」

一時期には、日本人が全参加者の三分の二、二万人を占めていたホノルルマラソンも、二〇一四年には約二分の一に減少。しかし、未だホノルルマラソンツアーは、観光マラソンとして活況を呈しているようである。


二〇〇七年、二月十八日、冷雨の中、第一回東京マラソンが行われた。日本で初めての、エリートランナーから市民ランナーまでが走る大都市マラソン。制限時間、七時間の中で三万人が走るという。すべてが、初めてづくしのマラソン大会である。

午前九時三〇分過ぎ、コースの浅草橋、蔵前、浅草雷門の二六キロから三〇キロを歩いてみると、一目で警備が厳しいことがわかる。ランナーが来る遥か前から物々しい雰囲気が漂い非常線が張られ、とりわけコースの横断が厳しく規制されている。

トラブルも散見された。まだ、ひっそりと静まり返っているコースを渡ろうとして、ボランティアに静止され揉み合っている若者がいる。警察官が駆け付け若者を宥《なだ》めるも、若者は承服できずにいる。ついには、持っていたビニール傘でガードレールを叩く、傘の柄は曲がり、ビニール部分は破れ飛び散った。あっという間に警察官の数が増え、若者はどこかへ連れ去られた。就職活動なのだろうか、リクルートスーツを着た女子学生、やはり目指す会社へ行きたいのだが……言わずもがな……困り果てている。法事なのだろうか、喪服姿の一団が戸惑いをみせて佇む。渡りたい渡れない……、そんなトラブルがコース沿いを歩く程に続く。初の試みで告知に不備もあっただろう。しかし、誰もが東京マラソンを歓迎しているとは限らない。渦中にいると、そのことに想像力が及ばないのではないだろうか。

降ったり止んだりしていた雨が、少し強くなってきた。制限時間七時間、冷雨に打たれながら走るも、歩くもまた過酷である。一体、どの程度のトレーニングを積んで参加しているのだろうか。逆に制限時間七時間に不安が募る。

エリートランナーが駆け抜けて行く頃には、なんとかもっていた雨が降り出した。三時間台で走るランナーであればなんとかなるだろう。しかし、四時間以上かかるランナーには、この冷たい雨は厳しい。続々とランナーの群れが通過する。バナナなどの食料がエイドステーションに置かれているのだが、低温の中、エネルギーの消耗が激しい。瞬く間に食料が底を突く。その代わり、ペットボトルの水は飲まれることもなく、整然とテーブルの上に並んでいる。何もないテーブルの前で茫然と立ち尽くすランナーたち、本当にスッカラカンなのだ。申し訳なさそうな表情しかできないボランティアが悲しい。二六キロから三〇キロ、これから過酷な距離が待っているというのに……。

この光景を見兼ねた沿道の観衆の中から、コンビニエンスストアーで、飴やチョコレートなどを購入して配る人が現れた。そこへ群がる人びと、もはやランナーではなかった。その現実は、飢餓状態に置かれた人びととクロスする。しかし、寒さの中、指がかじかんで飴やチョコレートの袋が破れない。強張った口許に運べない。そんなありさまが至る所で見られた。彼らの顔から表情が失せ、髪や帽子の庇から雨雫がしたたり落ち、顔からは血の気が引いていた。辛うじて走ろうとするも、すでに筋肉は寒さで硬直し、体に軋みが走る。走ることを躊躇う感情も過《よぎ》るのだろうが……それでも、脚を引き摺るようにして歩く、走る。怖い光景が、そこに現出していた。そして、僕の心に怖さと錯綜するように、苛立たしい感情が過った。

後日、第一回東京マラソンの完走率が九六・三%だったという情報が、僕の記憶に停止した。しかし、僕の心には今でも、あの危うい綱渡りの光景が残存していた。あの日、走る人びとの中にあった感情、言ってみれば〝やめることのできない〟という見えない呪縛、見えない圧力。あのとき、あの瞬間、寒さの中で飢餓状態に落ち入った走る人びとは、今、何を想像するのだろうか。それは、その後にメディアによって流布される〝達成感〟という曖昧なコトバに集約され、単なる思い出作りとして終わるのだろうか。

東京マラソンのキャッチコピーは、二〇〇七年の第一回大会が「東京を走ろう」、二回目以降は「東京がひとつになる日」である。みんなでドラマを作る。そんな意味合いがあるという。なんとも広告代理店が考えそうなコンセプトである。

また、東京マラソンのレースディレクター、早野忠昭は、「ナルシシズム」をキーワードにあげる。この言葉にヒントを与えたのは、一九九六年、アトランタオリンピック女子マラソンの銅メダリスト、有森裕子が言った、「初めて自分で自分を褒めたい」だったという。

「一流選手に限らず、実はみんな、頑張った自分が好きなはずだ」と早野は考える。「ナルシシズム」、広辞苑によると、自己愛、自己陶酔、あるいは、うぬぼれとある。さらに「自分で自分を褒める」とは、自画自賛である。三万数千人の「ナルシシズム」の群れ、「自己陶酔」の群れ、「自画自賛」の群れ……？

そこに他者への視線、想像力はあるのだろうか。

大会関係者は、テレビ放映が、沿道住民の協力を得るうえで効果的だったといい、「都庁前で三万人のランナーがスタートを切る場面が放映されたことで、最初は公道の長時間閉鎖に反発していた人の多くが『年一回のお祭り』と思い直してくれた」と語る。

この言説に僕は立ち止まる。そして、それって本当？　思い上がりでは？　と問いかけたくなる。

九年間、僕の出会った少なからずの人びとが、「関係者以外の人間にとって、東京マラソンは迷惑な話なんです」と、諦め顔で吐露したことを思い出す。あの仕掛けられたバブル経済がハジけてからの〝失われたウン十年〟、人びとは日々の暮らしの中で苦慮しているのだ。「お祭り」「イベント」「パレード」と、東京マラソンをどう総称しようが、そこには、広告代理店、スポンサー、メディアに依存し、コマーシャリズムに塗れた理念なきメガマラソンがあるだけだ。そして、その仕掛けとしてのテレビ放映にしても、エリートランナーのフィニッシュ以降は、芸能人（タレント）、女子アナ、エトセトラ、あるいは急拵えの感動企画を仕込んだ画面を、ダラダラと映し出すだけといったありさまである。そんな中、二〇〇九年の東京マラソンでは、お笑いタレントの松村邦洋クンが、東京MXテレビの番組『TOKYO　BOY』の企画で参加するが、スタートから約一五キロで急性心筋梗塞で倒れ、一時心肺停止状態になった。肥満体の松村クンを走らせるという、その発想はどこからくるのか。テレビ局は、タレントを多用した企画で視聴率を稼ごうと、お手軽でお粗末なバラエティ番組のノリで、マラソン中継を弄んでくれる。その視聴率にしても、二〇〇七年は二三・六％、〇八年は二〇・六％の平均視聴率ではあったが、その後は下降傾向が続き、エリートランナーの時間帯は一二から一三％台だが、それ以降は七％から三％台で推移している状態だ。おそらく、二〇二〇年の東京オリンピックまでは続けることになるのだろうが……、その先は？　ということだ。

スポーツ界、及びそれを取り巻く業界にとって、二〇二〇年、東京オリンピックは、まさにビジネスチャンスと捉えているのだ。開催期間、わずか十七日間、それまでは経済効果という怪し気な試算を膨張させながら、あたかも、人びとにも御零《おこぼ》れがあるかのごとく、マスメディアは喧伝することだろう。

今日、スポーツビジネス、あるいはスポーツマネジメント、これらの言葉が流布されて久しい。過去から現在まで、日本のスポーツ界は、大学スポーツ、実業団スポーツに支えられ生き長らえてきた。その背景には、オリンピックに謳われる「アマチュアリズム」があったからだ。しかし、一九八四年のロサンゼルスオリンピックが、一切の税金を使わず企業からの協賛金で商業化され、テレビ放映権料や五輪マークの商標化による収入で、一億五千万ドルの収益をあげて以降、スポーツは、カネの儲かる美味しいビジネスとして定着し、一流スポーツ選手にとっては、オリンピックで勝利し自らを高く売り出すための一大イベントとなった。そして今、東京マラソンもまた、行政に頼らない、独立採算を目指す「マラソンビジネス」を指向するのだが、現状は、広告代理店頼みのモノに過ぎない。さらに、マラソンをマネジメントとして捉えるとき、僕の脳裏に、ニューヨークシティマラソンのレースディレクター、故フレッド・リボーの言葉が再び甦る。

「マラソンが、たとえば、フットボールや野球と同じ高収入を得るのは難しいと思います。賞金の額が少ないですし、勝ってもその労力に見合わない。そして、マラソンは、年間に何度も走れません」

二〇一四年九月二十九日、東京新聞スポーツ紙面に掲載された記事が、ルボーの言葉を如実に物語る。

ベルリンマラソンにおいて、デニス・キメット（ケニヤ）が史上初めて、二時間二分台（二時間二分五七秒）で世界新記録を更新とのトップニュース。優勝賞金、世界記録ボーナスで計一二万ユーロ（約一六六〇万円）を獲得したとある。その下段には、テニスのマレーシアオープンで今季三勝目、日本の錦織圭が優勝し、賞金一六万五〇〇〇ドル（約一八〇〇万円）を手にしたとあり、また、その下段には、ゴルフのダイヤモンドカップで、やはり今季三勝目を挙げた四十五歳の藤田寛之が、優勝賞金三〇〇〇万円を獲得したと伝える。そしてその左紙面には、やはりゴルフのミヤギテレビ杯ダンロップ女子で、酒井美紀が逆転優勝し、一二六〇万円の賞金を獲得したとあった。

僕は紙面を見詰めながら、スポーツの価値とは……と、考える。と同時に、一体誰が儲けるのかと。もはやスポーツの世界も、経済のグローバル化という波の中で格差を生み出し、「強欲拝金」な連中だけが暴利を貪る経済システムが構築されているのだ。

そう、そこには他者の悲しみへの理解も想像力もなく、ただ傲慢な世界があるだけだ。誠実さの欠片《かけら》さえない。

二〇〇八年、十二月の日曜日、〝ランナーの聖地〟と呼ばれる皇居周回コースで、ランニングクラブの取材をしていた僕は、偶然、一人の市民ランナーの男性と出会った。年齢は四十代前半、見るからに走り込んでいるのがわかる。彼は、メタボリック対策で走り始め、現在は週六日走っていると言った。日々のトレーニングの内容などを饒舌に話した後、彼は、険しい表情で〝走れない〟とストレスになると言った。

ふと僕は、彼にとって〝走れない〟ことがストレスになるのではなく、今や〝走ること〟がストレスになっていると感じた。もはや彼にとって、走ることはノルマなのだろう。彼は、今日のノルマを果たすために走る。

ＷＨＹ？

一九七四年、七三年の第一次オイルショックを受け、経済の実質成長率は、マイナス〇・五％と、戦後初のマイナス成長となった。オイルショックと狂乱物価で不況は深刻化するも、経済効率万能社会の強固な締め付けは続き、人びとの体は知らず知らずのうちに蝕まれていった。贅肉がつき、体重が増え、不整脈に悩まされ、血液検査の結果が出る日を不安な気持ちでむかえる。そして、日常的ストレスは、精神の分裂という綱渡りをさせる。いつも誰かに追いかけられ、いつも誰かを追いかけている。経済至上主義者たちに飼い馴らされた人びとは、ブリキの回転機の中の二十日鼠のごとく走り続ける……。

ふと、立ち止まる。かつて青年であった人びとが、ふと立ち止まる。そしてその瞬間、社会という俗、会社という属、あるいは家族という族、そういった属に縛りつけられた自らをふと感じたとき、人間は自由を求める。個（孤）という自由を。

早朝、あるいは深夜、トボトボと走り始めている自分を見つける。初めは恥ずかしさが先に立つ。そして、肉体の衰えと精神の萎えが行動することを妨げる。当然のことに、初めは一〇分も走れないし、一〇〇メートルで息切れする。しかし、何か⁉ 青年のときのように自分のために行動した、忘れていた懐かしさと解放感が甦り、家族、会社、社会という呪縛から、解き放たれる瞬間がそこにあるような気がする。

そして、走り続ける。個（孤）としての自由な空間を獲得するために……。

しかし、そこにはさまざまな落とし穴が待ち受けていた。

ランニングブーム、「走る人びと」という市場的価値による資本の介入。ブームによる過熱と隣り合わせの死、記録、競争、勝敗という通俗的価値観が芽生え、ストレスが生まれ、ランニング中毒とストレスランニングに侵されてゆく。

そして再び、自らが「走る人びと」という属の中で均質化し、〝個〟（孤）としての自由を失ってゆくのだ。

七〇年代半ばから八〇年代、ランニングブームの中心は、日本の高度経済成長を牽引してきた中高年の男性だった。しかし、九〇年代から今日のランニングブームの中心は、三十代から四十代の女性である。日本の女子マラソンの勃興期と軌を一にするかのように、女性を核としたランニングブームの再来である。しかし、このブームの背後には明らかにコマーシャリズムが存在する。コマーシャリズムは、購買力の低い中高年男性には見向きもしない。これからは女性がターゲットなのである。そこで、キャッチコピーが出来上がる。

〝美ジョガー〟である。

コマーシャリズムによって、美ジョガーになるためのランニンググッズが仕掛けられ、走る人びとを巧妙に取り込みに掛かる。そして、女性誌や広告カタログから飛び出してきたような、画一的な没個性のスタイルが、ランニングシーンに溢れ返る。しかし、それは今日の日本の社会を見れば、ランニングシーンに限ったことではないことがわかる。〝不安〟なのだ、他者と違うことが……。とりあえず皆と同じということで〝安心〟を求め、自らの居場所を確保し、群れることで安心を担保する。しかし、群れれば人は考えなくなり、個性を殺し自由を失ってゆくのだ。

いつの頃だろうか？　〝同調圧力〟という言葉を聞くようになったのは……。

僕の知人でランナーでもあり、小学校で二十年来教師をしている男性が、こんなことを話してくれた。

「そう、それはまさに教室で起こっていることと同じで、もうホントになんとなく服装でも、いつの間にか皆が似たような服装になっていくというか、お揃いで満足してしまうとか。たとえば、誰かが『あの子って、ああよね』って言ったら、自分はホントはどう思っているかわからないけど、不安だから皆に合わせてしまうんです。『そうだよね、そうだよね』って言って。そうやってハジキ出されるパターンが多いですね。

そういう意味では、走るっていうのは自分の判断が問われる。どこへ行くのも。校庭、何周とかじゃないですよ。右へ行くのか、左へ行くのか、どの道を行くのか、全く個人的な行為だと思うんですよ。今、そういう自分に向き合ったり、個人で判断する行為というのが、一日の生活の中でどれだけあるのかなと思いますね。

子供たちの場合、特に女の子の場合は、一人になることへの不安、不安で不安で仕方ないから、群れてしまうところがすごく強いと思いますね」

外れたくない、外されたくない。そういった感情の芽が、すでに子供たちの環境に生まれているとすれば、その芽は彼らが成長する過程で、社会とのかかわりを持てば持つ程、自己を束縛してゆくのではないだろうか。悲しいことに僕たちは、人間として生まれ出てから、ひたすら自分自身を束縛し規制し、人間らしさを失ってきたのかもしれない。そして、走るという自由な行為、空間でさえ、自由を他人に預け、目に見えない拘束の鎖に繋がれているのだ。

ランニングは自由だ。自由な発想のランニングから、自然と融合したランニングが生まれてくるはずだ。しかし、多くのランナーに見られるのは、自由な発想と人間のありのままの行為としてのランニングが、マンネリ化した機械的な課業に陥ってしまっていることだ。ランニングの数値化である。ランニングを記録や距離あるいは順位でしか捉えられない。数字に支配されていることに気付かない。そして、そのことに一喜一憂するだけでなく、翻弄され自己を見失っている。

今日、ハウツーもののランニング書籍は巷に溢れている。確かに、その方法論を読み、指導を受けることによって記録は向上し、勝利を手にすることもあるだろうが、記録はいつか止まるのである。

それはどんなに〝若さ〟を誇示しても、人間は年齢を重ね〝老いる〟という事実と、その先には〝死〟が必然としてあるということと同様なのである。

再び、二十日鼠がブリキの回転機に乗っている。彼の世界は、この小さな回転機の中だけだ。彼は彼の意思ではなく、ひたすら歩く、ひたすら走る。それが彼の生活……？　彼の前に広がる世界はいつも同じ、彼の目は虚ろになり、彼の意識は薄れてゆく。しかし、エサだけはありつくことができるから、彼は野鼠のように畑を荒らすこともない。彼はそうやって、外の世界を知らぬまま生涯を終えるのだろうか……。

時に人は、この目まぐるしく移り変わる現実から、ふと逃避したいと考えたり、心の病を癒してくれるものはないかと悩んだり、あるいは、もっと違った世界があるのではと、立ち止まってみたりする。

そんなとき、人は幼かった日の無垢な感情をふと思い出す。どうして、あんなにも屈託のない笑顔が、今、心に広がらないのだろうかと。若かった日の輝くような感性は取り戻せないのだろうかと……。

今、砂丘から吹いてくる海風が、松林の薫りをのせて体を優しくつつみ、どこかへ流れていった。静寂だけが辺りを支配し、聞こえるのは小鳥の声だけだ。ときおり名も知らぬ小動物が音もなく忍び寄り驚かす。いつもは溢れる情報と、闇雲な会話の中で生活しているのに、今は話しかける相手もいない。

広がる視野には空と海と水平線、そして、その前に横たわり上下する砂丘群と、降り注ぐ太陽があるだけだ。戸惑いながら、心の奥底にあった本能が甦ったように、砂の上に裸足で立ってみた。足の裏を、遠い幼い日の感触が刺激して、懐かしさが込み上げた。忘れていた無垢な感情だった。赤ん坊が立ち上がり、一歩踏み出すように、おっかなびっくり歩を進めると、そこに、笑顔のこぼれる自分を見つける。足跡は、砂の上に点々と確かなしるしを付け、自分が歩いている、歩いてきたという素朴な感動を与え、「走ってみたい」という感情が芽生え始める。と、同時に、どこかへ置き忘れてきた人間の魂が、熱い塊となって、喉元へ這い上がってくるのを抑えることができない。

「こんな気持ちを、いつ忘れてしまったのか」

自然は、人間の〝内なる自然〟に問いかけた。

エピローグ

あの日、空一面に瀰散《びさん》する花粉の異様な光景があった。地鳴りと共にそこに現出したものは、杉や檜が大地の震動と共鳴するように軋み、蠢き、大量の白い花粉が空を覆ったのだ。そのあからさまな自然の驚異の前で、人間は畏れ、縮み上がり、絶望という感情が湧き上がる。

しかし、自然は今更の人間の感情など見限るように、地響きをもって大地を切り裂いた。

ちっぽけな我が家は、まるでマッチ棒で作られた家のように左右に弄ばれ、摩擦された瓦からは、黄色みを帯びた奇妙な煙状のモノが浮かび上がる。そのうち、ガラガラと瓦は落下し砕け散る。白い漆喰の壁は、亀裂をつくり剝ぎ取られ下地が晒される。

あからさまな、あからさまな自然の声。それは、「人知をもってすれば、天災をも抑え込むことができる」という人間の傲慢に対する、自然からの戒めであり本音なのだ。

二〇一一年三月十一日、一四時四六分。

未曾有の大震災が、岩手、宮城、福島を中心に東日本一帯で起こった。

地震、津波、そして原発事故、その被害は未だ癒えることはない。

我が家の半壊という事実に茫然とするも、向こう三軒は全壊した。そして、テレビジョンに映る東北の惨状を見るにつけ、「メメント・モリ」死を想う。なぜ、彼らは死に、僕は生きているのかと……。

二〇一一年五月十日。

震災後、初めて走る。この二カ月の日々、家屋の修復、罹災に関するさまざまな手続きなどに忙殺され、肉体的にも精神的にも走ることができなかったのだ。

僕の走るフィールドである裏山まで、ゆっくりと走り出す。目の前に広がる煙草畑は、震災前と変わらぬようになだらかなラインを見せて広がっている。しかし、裏山まで続くゆるく上ったアスファルト道路には亀裂が走り、アスファルトが抉《えぐ》られ盛り上がっていた。僕は亀裂を避けながら、約二〇〇メートルのアスファルト道路を抜けると林の中へ入っていった。

一九七五年、僕がこの地へ来た四二年前、林は〝意志〟を持ってそこに存在していた。それは、田や畑、そして人間の暮らしと連なるようにして、林、いや自然はあった。人間の生きる証として自然はあったのだ。人間は自然の懐で自らの生と死を感じ、大いなる自然のおかげで生かされ、そして、死を迎えると考えていた。

八〇年代からバブルを経て、自然は急速に疲弊した。

手入れの行き届かない杉や檜の痩せ細った黒い影が、太陽の陽射しを遮断し、根を剝き出しにし苔むした倒木が無惨にも地を這い、冬には湿った冷気が地の底から湧き出て、辺りを凍りつかせた。

時代は様変わりし、兼業農家が多くなり、農業を継ごうという若者も減少し、バブルの季節を駆け抜ける頃、田や畑は意志を喪失し畦道には雑草が生い茂り、下草を刈る人も少なくなった。近在には、工業団地という無味乾燥たる建物が次々と建てられ、手っ取り早く稼げと誘う。

山は銭を生み出さない、林は銭を生み出さない。銭は、山を崩し、林を薙ぎ倒し、ブルドーザーとパワー・シャベルによって作られた平地に忽然と出現した、灰色の大規模工場群によって生み出されるという〝神話〟が流布され実行された。そして、ある程度の御零《おこぼ》れも回ってきたのだ。

どこの町にも産業バイパス沿いに、家電、自動車、ホームセンター、ファストフード、アパレルセンター、などの量販店が、あるいは大型パチンコ店が出現し、個性のない外観を飾った。欲望の膨張は際限なく、欲望の喚起を煽るメディアからのコマーシャルに踊らされ、一過性の詰まらぬ商品で家を飾り、買い飽き溢れた商品は、山や林の中に投棄され、ゴミと化した。

メディアから発信されるものといえば、「豊かで美しい自然を守りましょう」というオウム返しのメッセージだけだ。

今、それらのゴミ、産業廃棄物を林に見ることはない。それらは、その後の歳月の中で枯れ葉や雑草、流れ土によって覆い隠されている。

林の中は、ひっそりと静まり返っていた。いつもは、聞こえる鳥たちの囀《さえず》りもなかった。高台へ上る坂道を、腕を意識的に強く振りながら爪先で走ってゆくと、いったん坂道は、両側に窪地のある軟らかで真っ直ぐな小径になる。しかし、そこには僕の認知していた小径はなかった。櫟《くぬぎ》などの落葉樹が並ぶ平坦で真っ直ぐな小径には亀裂が走り、左側の窪地に崩れ掛かっているのが見えた。僕は一瞬立ち止まり、崩れ掛かっている左側の路肩を避けながら先を行く。

林道は上下しながら続くも、そこかしこに崩落の後があり、大小の土塊《つちくれ》が道に転がっている。僕は足許の土塊に意識を集中させながら、林の中の窪地へ続くなだらかな斜面を、腕を上方へ抱え込むようにして下って行った。

窪地はさらに深閑として青暗い姿を見せていた。そして、そこに現出していたものは、林道を塞ぐ多くの倒木だった。その光景は、まるで行き倒れた人間たちの屍のように見えた。枯れた老木の松が倒れ、痩せた杉が根を剝き出しにされ倒れている。それらは林道へ倒れ込むだけではなく、小高くなった林の中で、最後の力を振り絞るように支えあって、あるいは、沢の水辺に折り重なるようにして倒れているのだ。それは時間が止まったような荒寥とした光景だった。

そして、この地もまた、福島第一原発事故による放射性物質に汚染されていたことを知った。

二〇一一年五月二十三日。

茨城県の大洗海岸から、ひたちなか市を車で走る。液状化現象がいたる所でみられ、通行止めの標識で何度も行く手を阻まれる。普段は海水浴客で賑わう砂浜には、大量の瓦礫が山となって連なり、海風に晒されている。その周囲では、パワー・シャベルがダンプカーの持ち込む際限のない瓦礫を前にして休むこともない。〝瓦礫〟……？　言葉はいとも簡単だ。しかし、瓦礫からは生活の匂いがした。その無惨に晒されたモノたちからは、数カ月前まで人間がそこで生きていたという証の匂いがした。ひたちなか市の護岸は、津波によって崩落したまま修復されず、わずかに開く魚市場も閑散として、売り子たちの威勢のいい声が響くこともなかった。

その後、メディアからは〝絆〟という言葉が喧伝され日本中を席捲し、〝頑張ろう〟が連呼され〝感動物語〟が社会に溢れた。


二〇一三年九月、アルゼンチンのブエノスアイレスで開催された国際オリンピック委員会（ＩＯＣ）総会における、二〇二〇年五輪招致演説の中で、安倍晋三首相が福島第一原発事故の汚染水について「状況はアンダーコントロールされている」と言明した。

オリンピックを東京に招致するためには、原発事故による放射性物質は完全に統御されていると、躊躇いなく言い切る安倍首相の危うい言葉の背後には、招致に成功し狂喜乱舞する五輪関係者がタレントが、そしてアスリートがいた。

そう、〝絆〟から〝お・も・て・な・し〟への大転換というわけだ。

果たして、オリンピックは彼らが狂喜するほど純粋なモノなのだろうか。オリンピックが「平和の祭典」、「聖地」ではないことは、歴史を遡れば明白なことだ。メディアは、表向きにはオリンピックの理想を語りながら、国家間のメダル争いにこそ一番の関心を見せるのだ。そして、一九八四年のロサンゼルスオリンピックが、商業化への先鞭を付けて以来、オリンピックは、ＩＯＣが仕切る、広告代理店、スポンサー、そしてマスメディアによるカネに塗《まみ》れたオリンピックになった。その中でトップアスリートにとっても、オリンピックでメダルを取り、知名度を上げることによって付加価値を付け、広告契約料で荒稼ぎをするという図式が定着したのだ。

もはやオリンピックは形骸化した見せ掛けの祭典であり、「オリンピックビジネス」という名の強欲な連中のお祭りなのである。開催期間、わずか十七日、アスリートファーストと言いながらも、酷暑の夏に開催するという欺瞞、そして、経済効果という怪し気な試算を、あるいは〝レガシー〟という名のコマーシャルコピーを垂れ流しながら、壊しては造るという、この国のお家芸を見せてくれるはずだ。


二〇一三年十月二十九日。

栃木県の我が家から北茨城の日立市を経由して、福島県いわき市に車で入る。いわき市の小名浜港から国道一五号を北上し、塩屋崎を抜け、そこからは一車線の県道を海岸線に沿って走ると、薄磯海岸に着く。そこに、大震災の爪痕を見る。この地域では二〇〇名以上の人が亡くなったという。海に向かって献花台があり、手向けられた花が海風の中で震えるように揺れ、コンクリートの基礎だけを残した家屋跡が、津波の凄まじさを物語る。

小雨が煙る中、外国人の一団がマイクロバスに乗って、この惨状を見学に来ている。茫然として佇み、茫然と海を見詰める。海は何もなかったように、寄せては曳いて行く……。

十月三十日。

国道六号線に入り、広野町を目指す。この辺りになると、工事車両と警察車両が圧倒的に多くなり、民宿などは工事関係者の宿泊所になっているようだ。

そのときだった。前方から濃紺色のジャージーの上下を着た青年が一人、走って来るのが見えた。近付くにつれ、その姿が鮮明になる。体は中肉中背で黒縁のメガネをかけ、髪は何気ない長髪、今風の若者というよりは、素朴な感じだった。

「なぜ、走っているんだ?」

僕の心に言葉が停止する。

「どこから走ってきたんだ?」

再び、言葉が僕に問い掛けた。

青年は脇目も振らず淡々と走り、通り過ぎて行った。

楢葉町に近付く道路沿いでは、あちこちで、家屋や庭の除染作業に追われる作業員の姿があった。木戸川の河川敷には、除染土が入った大量の黒いフレコンバックが敷き詰められ、行く宛てもなく放置されていた。楢葉町を通過して一路先を急ぐも、福島第二原発前でオフリミット。仕方なくユーターンし、楢葉町で車を降り歩く。町には人の住む気配はないゴーストタウン。所々に復興に携わる工事車両と作業員がいるだけだ。ある一角には、新築家屋ばかりの地区があった。しかし、さまざまな趣を見せた家屋にもまた人の気配はなかった。ただ、窓ガラス越しに垣間見える室内からは、つい先程まで生活していた……人びとの、微かな音が聞こえてくるようだった。取る物もとりあえず避難したのだろう。

このサイレント、深い静寂……。

再び国道六号を引き返し、広野町に近付いたときだった。前方から、先程の濃紺色のジャージーを着た青年が走って来るのが見えた。相変わらず淡々とした表情で走り過ぎて行く。

彼はどこまで行ったのだろう。どこへ帰るのだろう。彼は、なぜ走っている、なぜ……。

再び、僕の心に言葉が停止した。

追録　野性の魂

ランニングの源流を巡る長い旅が終わった。しかし、心湧き立つはずの旅は、何度も立ち止まざるを得なかった。それは、僕という人間が持つ〝走る世界〟が、もはや本当の意味での〝異端なる世界〟を彷徨しているのではないかという思いに囚われたからだ。

僕の持つ〝走る世界〟、今、その原点に立ち還る。

テレビジョンに映し出された、ドキュメンタリー映画のモノクロームの画面で、白髪の老人は、激しい言葉を投げかけていた。

「私は、負けるぐらいなら死を選ぶ男さ、相手以上に負ける自分が許せない。選手はそれを学ぶ。ボクサーを見てみろ。J・クリス、S・ウィラー、皆いい連中だが、リングでは殺し屋になる。我々の場合、敵は自分だ。勝つために自分を殺すんだ」

ふと、僕の脳裏に、一九六九年、オーストラリア、ポートシーでの夏の日の光景が甦る。そこには、不安と慎みを交錯させた十九歳の僕がいた。

老人は、僕の眼を覗き込むようにして言った。

「君はなぜ、そんなにも行儀が良いのだ。荒涼たる自然の中でも、そうしていられるのか。自然の中で生きるとき、そこでは殺し屋にならなくては死んでしまうのだ。自然は、君が行儀良く待っていても、生きるすべを教えてくれない。自然を破壊することはいとも簡単だが、自然と共に生きることは、とても難しいことを君は知るべきだ。豹を見ろ、彼らはじっと待っていて生きてゆけるのか。彼らは行儀良くしていて喰えるのか。彼らは、自分の腹を考え、自然の論理の中で敵対者を殺すのだ。彼らには、それ以上もそれ以下もない。わかるか、日本の少年よ。あえて言えば、レースにおいてもそうだ。レースでは、やはりわれわれは豹であり、殺し屋なのだ」

そう叫ぶと老人は、ゆるく高く、ゆるく低く深い呼吸を繰り返し、どこかへ疾走し見えなくなった。しかし、その獰猛なほどの深い呼吸音は、遠く近く僕の耳に届くのだった。そして突然、ブッシュの中から現われると声高く言った。

「そうだ！　レースでは、厳粛な殺し屋だからこそ、我々は自然を愛し、人を愛することができるのだ。もし人間が、心から自然を愛せず、人に対しても肌の色や人種にこだわり、愛を感じないようであれば、どうやって愛の神を見つけることができるだろうか？　そういう人の中にあるのは、憎しみや不信感に過ぎないのだ」

僕は、老人の言葉の前で、ただ茫然としたまま立ち尽くすだけだった。

一九六五年、十四歳の冬、僕は書店で一冊の本に出会った。本のタイトルは『陸上競技・チャンピオンへの道』、著者は、パーシー・ウェルズ・セラティ。

手に取って開いてみると、巻頭に掲げられた文章に目が止まった。そこには、こう記されていた。

「重要なのは到達することではなくそこに達する道すじである
重要なのはできることでなくできるように努めることである
全世界は努力する人をたたえる——努力家には誰でもなることができる
そして誠実で我慢強い努力家が最高の成果をかち取ることができるのである」

近代オリンピックの創始者、クーベルタンの言葉を言い変えたこの言葉に、何か引き付けられながらページを進めていった、次の瞬間、僕はそこに掲載された写真に、強い衝撃を受けたのだ。

キャプションには、こう書かれていた。

〝ポートシーの砂丘をかけ上がるコーチと選手〟

モノクロームの写真には、上半身裸の白髪の老人が、裸足を踝《くるぶし》まで砂にめり込ませて、砂丘をかけ上がっていた。そしてその後ろから、厚い胸とたくましい腕を持った若者が追走する。二人の固く握られた拳には、強い意志が感じられた。また、砂丘の向こうに垣間見える波打つ海が、オーストラリア、ポートシーの解き放たれた自然を、僕の前に見せてくれた。一体、この白髪の老人は何者なのだ。老人の背中や臀部、そして大腿部からふくらはぎにかけての筋肉は、あまりに若々しく鋭かった。

僕は、何度となく写真を見詰めた。砂丘を、土の道を走る若者たち、レースにおけるパーシー・セラティの弟子たちの走姿、そして、彼らを取り巻くポートシーの自然、掲載された多くの写真は僕を魅了させるのに十分だった。

いつしか僕は、パーシー・セラティの虜になっていた。十四歳という未熟な思考ながらも「チャンピオンへの道」に出会ったことによって、僕の心には、今までの単調と強制と管理と苦痛といった、従来の長距離走とは異なるランニングのイメージが芽生えたのだ。

そして、パーシー・セラティと、ポートシーの自然に憧れる気持ちは、一層の決意となって、僕の心の中に不動の位置をしめたのだった。

「十代のうちに、必ずポートシーへ行く」

あたかもそれは、十代のうちに行かなければ、何もかも失われてしまうかのような、悲壮な決意だった。

一九六九年十一月、僕を乗せたカンタス航空二七三便は、夕暮れの羽田空港を離陸した。僕に強いインパクトを与えた老人、パーシー・ウェルズ・セラティに会い、教えを受け、そして、ポートシーの自然の中で走ってみたいと思い続けてから、五年の歳月が過ぎていた。五年の間、僕は、ただ手を拱《こまね》いていたのではない。セラティに会うという夢を実現する為に、さまざまな手を尽くしたのだ。しかし、オーストラリアのスポーツ関係者から聞こえてくるメッセージは、芳しいものではなかった。一つ、彼はクレージーである。一つ、彼はファニーである。一つ、彼はエキセントリックである。一つ、彼はラジカルである。故に、彼に会うのはよしたほうがいい。十九歳の僕には、そのメッセージがどのような意味を持つのか、正直、よく理解できなかった。しかし、若いという感性、存在は、言ってみれば異端であり、疎外され、あるいは人びとに無視され差別される者に思いを馳せるものなのだ。そして、僕もまた、セラティに傾倒していったのだった。その心情は、まさに見る前に跳べと、ポートシーへ旅立たせたのだ。

セラティのランニングとは、自分自身を完全に余すことなく表現したいという、強烈な意欲によって動かされる一方法だということ。また、その背景には自然があり、その自然を尊び自然と融合することによってのみ、自然から本当に自由な喜びを経験することができる。ランニングは、単に肉体改造的行為ではなく、心体解放的行為であると説くのだった。

一九六五年、僕の「走る」歴史が、パーシー・セラティによって扉を開けた。ポートシーの自然と、パーシー・セラティの精神が僕に深く投影し、〃走ること、それは大自然に生きる掟だ〃というテーマが、僕のランニング観を創り上げた。一九七五年、パーシー・セラティは八〇歳で生涯を閉じた。しかし、セラティの精神は、決して死ぬことのない、〃ネバー・ダイの精神〃となって生き続けているのだ。

だから今、僕にとってのランニングの源流、セラティの精神と、ポートシーの日々を書き付ける。

二〇〇〇年、オーストラリア、シドニーオリンピック。ハーブ・エリオットは、一五〇〇メートル決勝レースが始まる前、ナイター照明に映し出されたトラックの最終直線を、一人で歩いて欲しいという依頼を受けた。

エリオットが歩きながら観客に向かって手を振ると、スタンドを埋めた一一万の人びとは立ち上がり、熱狂的な声援を送った。その瞬間、巨大スクリーンが煌めき、一九六〇年、エリオットがローマオリンピック、一五〇〇メートルで優勝したときの映像が、モノクロームで浮かび上がった。そのレースは、まさにエリオットの師、パーシー・ウェルズ・セラティの精神を体現する走姿であった。記録、三分三五秒六、世界新（当時）。一五〇〇メートル、一マイル走において、全てのレースを支配し不敗を誇ったエリオット。今日の中距離走の世界においても、不世出の偉大なランナーとして記憶されている。

エリオットは、師パーシー・セラティと、他のコーチとの根本的な違いについて、こう述べている。

「セラティは、精神をコーチした」

精神、それを魂と言ってもいい。セラティは、走ることによって自由な魂を獲得し、それを表現することを求めたのだ。

——君が自由なら、私のように走り、動くことができるだろう。私は、この老人はそれができる。自由だからだ。誰に教わったのでもない。誰も羊に飛び跳ねることを教えたり、鶫《つぐみ》に歌うことを教えたりはしない。彼らは、自由で自然だ——

ポートシー、メルボルンの南約一〇〇キロ、ポートフィリップ湾を望む半島の先にあり、うねり押し寄せる白い波の遙か先には南極大陸がある。現在は都市住民の避暑地として、多くの人びとが訪れているが、セラティが生きていた時代は、ブッシュと砂浜と海、そして砂丘が点在する剝き出しの自然があっただけだった。当時も凪いだ海のベイビーチ沿いには、リッチマンたちの別荘が僅かにあったが、セラティがキャンプ地とした土地は、自然の美しさと怖さを併せもった荒くれた土地があるだけだった。セラティは、剝き出しで荒くれた自然でトレーニングすることが、純粋で誠実な人間を創り、高度な記録へチャレンジする意志を育てると信じていた。

一九六九年十一月八日、午後二時、僕は、サンルーム風のガラス張りの簡素な部屋に通され、初めてセラティと向き合った。セラティの膝の上には、銀製の盆に山積みされた手紙の束があった。

セラティは、僕を一瞥するとニヤリと笑いこう言った。

「私の所には、世界中の多くの若者から手紙がくる。君の手紙もこの中にあると思う。しかし、私は返事など出さない。なぜなら、本当にその人間が行動するという芽を持っているなら、返事など待つことなしにポートシーへやって来るだろう。現に君もまたやって来た」

そして、こう続けた。

「私は、人間が意志を持って行動を起こすまでは、その人間に期待することはない。私は、生半可なことは許さないし、そんなもので不可能を可能にした人間はいないのだ。私は、今、光輝く宝石よりも、素朴でありながら、内に秘められた個のある原石にこそ未来があると思っている。しかし、内に秘められた個は、努力してこそ輝きを増し我々の目にふれるのだ。このポートシーの自然でトレーニングすることで、君は本当の君自身を見付けることだろう。私はただ、君がそうすることを望むだけだ。さァ、明日からトレーニングを始めよう」

セラティはそう言うと、静かに部屋を出て行った。

僕は、心の底から湧き上がる押さえ切れない震えの中で、セラティの後ろ姿を見送った。

パーシー・セラティの限りないランニングへの思い、それは何だったのだろうか。セラティは、何を伝えたかったのか。セラティは、それまで持っていた全ての概念を破壊し、捨て去ることを求めた。

教育、文化、政治、宗教等、あらゆる事象に対していだく深い疑念、それは、多数の人間が価値を認めているものに対する、ほとんど全てにだった。

言い換えればそれは、無垢な人間に立ち還った所から、初めて、セラティの精神、哲学を教えたのだ。セラティの哲学、それは、どの信条にも属さない『ストータンズ』という言葉に集約されていた。この言葉は、古代ギリシャで言われた、ストイックとスパルタンからとったものだ。ストイックとは、喜びや悲しみに動じない、やるべきことを実行する人間、スパルタンとは耐久力があり、恐れないことである。

セラティは、静かに時に激しく語った。

「ストータンズとは、日々規則正しい生活を送り、運動することにより体を引き締め鍛えた結果、強く美しくなる者のことを言う。運動とは人生の一部であるということを、固く認識せねばならない。学べる全てを吸収することが、人生の狙いである。真実とは人生のあらゆる面に関連しているが、到達することはできないのだ。

ストータンズとは、自然を愛する者。この世に存在する全てに敬愛を払い、それを理解する者のことだ。そして、自分自身だけでなく、他者が行う創造的な努力を賞賛する者のことである。現実が示す真意を理解しようと努力を怠らず、真実と嘘を見分けることができる。心も体も裸になることを異常だと思わない者のことだ。けれども、無意味なことはしない。

ストータンズとは、自らが支持する哲学――すなわち、自らに対する厳しさを持ち、強く理想に向かって、揺るぎない努力を惜しまぬことである。海を穢《けが》れなき神聖なものだと崇め、生命の源となる古代のものと共存するために、一年間の季節を問わず、月に最低一回は海に入る。こうすること以外に、心も体も志気も強くする方法はないのだ。

明白なことは、純粋な者のみが何が純粋であるかを理解でき、洗練された者のみが美を賞賛でき、本当に強い者のみが、真の強さを見分けることができるということなのだ。ゆえに、自制心のある者のみが、敬意を払うとはどういうことなのかを説くことができるのだ」

セラティは、さらに続けた。

「私のストータンズの哲学は、自然とのふれあいに基づいたものだ。自然とのふれあいというのは、野外で星を見上げながら眠ったり、朝、鳥の鳴く声を聞いたり、爪先の指の間に砂を感じたり、花の匂いを嗅いだり、波の音を聞いたりすることだ。自然が、心と体を完璧なまでに調和させ、宇宙と人間界のバランスを保っているのだ。こういった事実のもとに、アスリートたちは、〝卓越〟という新しいレベルに到達できるのだ」

そして、セラティは「ストータンズの精神・哲学」を、ポートシーの自然の中で身をもって教えたのだった。

ポートシーの朝は、鳥のさえずる声で始まる。そこには、目覚し時計といった半ば強制的な物質文明の機器は存在しない。僕は、空が明るくなり、太陽の光が大地を淡くつつみ始めた時を、浅い眠りの中でむかえ、ベッドの中からモゾモゾと起き出す。それから、上半身裸のトランクス一つの姿でドアを開ける。柑橘類の香りのする冷気が体をつつみ、瞬間、小さな身震いをする。ふと、僕の脳裏に、後戻りして温もりのベッドへ引き返してしまいたいという欲求が過《よぎ》るが、一歩踏み出して庭の砂地に足が触れたとき、冷たく湿った砂の感触が大脳の中枢に刺激を与え、ゆっくりと走り出していた。

セラティ家の庭を横切り、一周約一〇〇メートルの卵形の手作りのトラックを抜け、小さな白い看板に赤いペンキで、ＳＡＮＤ　ＨＩＬＬと書かれた白い門をくぐると、高さ二メートル程のブッシュに囲まれた厚い砂地の小道に出る。小道は、朝露で湿り気を含んで重く、足に絡みついた。僕は、まだ眠りから醒めない体を引き摺るようにして、体重の移動をする。スース、ハァハァ、フウフウと、まるで難行苦行をしているかのように、誰に頼まれたわけでもないはずなのに走ってゆく。この自然から、遠く離れてしまった人間という動物の走る行為を、静寂だけが支配するブッシュの林の中で、野生の生き物たちが、じっと見詰めているようだった。

一五分もすると、ブッシュの林が開け、荒い土と細かい小さな棘のある根が剝き出しになった、小高い丘が目の前に現われる。走ること、それはイコール、トレーニングシューズというパターンに慣らされてしまった僕には、裸足でこの丘を上ることに躊躇いがある。それでも、意を決するように、僕は上ってゆくことにする。しかし、小高い丘を上ることは易しいことではなかった。僕の〝文明人〟として生きてきた証である柔らかな足の裏では、荒れた土肌と細い小さな棘のある根が剝き出しになった丘を、そう容易《たやす》く上れるはずはなかったのだ。だから、エッチラオッチラと、根を踏まぬようにモタモタと上ってゆく以外に手はなかった。

どうにか上り切ると、僕はその場でハァハァと息をし、少しの休息をしなければならなかった。ふとそこに、ちっぽけな自分の姿を見た思いで、気持ちが萎えかかったが、すぐに気を取り直すようにして、再びブッシュの中の砂地の小道を走り始めた。

と、前方に、何やら黒い物体が横たわっているではないか。近付いてみると、暗褐色の無骨な鎧を着た体長七〇センチメートルはある蜥蜴が、小道を塞ぐように寝そべっている。

僕は驚き戸惑い立ち止まると、そこで考え込んでしまう。その場をウロウロと行ったり来たりしながら、蜥蜴の上を跳び越えようか、それとも、蜥蜴が小道を横切るのを待とうかと……。

僕の中に出て来た最終的結論といえば、そうだ排除してしまおうという、この世の中にいつでもコロがっている、短絡的な発想でしかなかった。だから僕は、ブッシュの中へ入り適当な木っ端を見つけると、蜥蜴に向かって投げつけたというわけだ。のんびりと寝そべっていた蜥蜴が、殺気を感じたのだろう、僕に向かって躙《にじ》り寄ると、大きな口を開けて威嚇した。僕は、自らのとった行動を忘れて逃げまどうのだが、蜥蜴は大きな赤い口をひとつ開けただけで、そのゆったりとした歩みのまま、砂地の小道にその痕跡だけを残して、ブッシュの林の中へ見えなくなった。

僕はといえば、恐怖におののいたように林の中を覗き込み、辺りを見回してから、もう何も出てきやしないという確かな約束を自らにして、再び走り始めるのだった。

丘の上の砂地は、前にも況《ま》して厚く深い。僕はただ、ゼェゼェハァハアと息を切らせながら、どこまでも体の移動をさせていた。

突然、ブッシュの林が、まるでトンネルを抜け出したときのように、ポッカリと穴が開いて視界が一気に明るくなったとき、目の前に砂丘群が現われた。明るい太陽に白く輝く砂丘群、そして、目に眩しい青い空と紺碧の海、まるで絵葉書のような景色が、僕が恋い焦がれていた情景がそこにあった。ポートシーを目指す若者たちが、この自然で走り鍛えられたのだ。そう思うと、僕の心は高揚し、砂丘群の中を、ウロウロと移動し始めるのだった。

砂丘群は、大小さまざまな形を海風に変化させながら、遥か先まで続いていた。その中を、足をとられ腰は定まらず、ただ体重を移動させてゆく僕の姿があった。厚く深い砂と激しいアップダウンは、僕の脚を急速に萎えさせ、肺から酸素を奪いとった。そして僕は、どうにかこうにか移動させていた体を、否応なくその場に立ち止まらせなくてはならなかった。

砂丘群の中に今僕はひとり、重くなった脚と稀薄な呼吸を繰り返しながら立っていた。太陽は日陰のない砂地を白く照りつけていたが、遙か南極から渡ってくる風は、冷たく爽やかで心地良かった。振り返れば、柔らかな曲線を描く風紋の砂地に、僕の描く弱々しい足跡が乱れた軌跡をつくって続いていた、誰もいない、聞こえるのは潮騒だけ、僕はその場に座り込んだ。そのとき、僕の心に去来したものといえば、ポートシーへ、あの砂丘へやっと来ることができたという熱情や感傷よりも、砂と丘とそれを取り巻く大きな自然の中で、自分はこれからどうやってゆくのだろうかという不安が、大きく支配していたのだった。


自然の地形こそが、ランナー自身の先天的能力を引き出す。そこには、トラックに欠けているものが満たされており、どんな科学的方式も、これら自然で本能的な練習方法と置き換えることができない。どうしたらよいかを〝感じ〟で知り、自分自身と自然を信頼する方法を身につけ、神に教えるのではなく、神（つまり自然）によって教えられるのである。

セラティが、全精力をつぎ込んで選手達に教えたことは、自然の中を本能に任せて走ることだった。その中で、強い精神力、意志、自信が育ち能力が向上するのだ。

エリオットは、次のように語っている。

「パーシーが、とことんやってくれるのは、精神力を鍛えてくれるということなんだ。僕が思うに、体というものは、二カ月もあれば引き締る。だから、後の時間は魂を鍛え上げるのみなんだ。内に秘めた力といってもいいと思う」

セラティは言う。

「政治家のように、すべては頭脳や金の力でできるものだと信じている大部分の人たちは、本能を捨て去る。このような人に真の成功は望めないのである。夢想家や理想主義者は、現実主義者と違って、活動的になれないものと一般的に考えられているが、知恵とか知力とか魂というものは、実は夢想家や理想主義者にとって、より関係の深いものなのである。実際、この世界を高い目的に向かって導くのは、これら夢想家や理想主義者であって、彼らが活動するときに初めて、本当の意味での現実主義者になるのである」

ポートシーにおいてセラティは、これらの思考を背景として、選手たちにトレーニングを実践させたのだった。セラティは、人間というものは決して無理矢理に、機械のような状態になることはできないと信じており、ポートシーにおいて、セラティ独特のファルトレク方式によって訓練を受けた選手たちの成功の大半は、彼ら自身の先天的能力によるものというよりも、ポートシーで実践しているトレーニングの形式と、練習場所の恵まれた地形によるものと考えている。砂とか丘という形で、抵抗というものを利用している事実は、決して無視することはできない問題を提示しているのである。

また、セラティは型にはまった練習法を否定し、選手に練習のスケジュール表を作ったことはなかった。セラティのとった方法とは、選手一人ひとりに、まず自分を見詰め直すことから始めさせ、自分にあったやり方を見つけさせることだった。選手たちは皆、自分で目標を立て、スケジュールを自分で立てたのである。

「自分自身を知り尽くすのだ。人に自分を支配させるなど、あってはならないことだ。生きていく上でも、また、スポーツの世界でも、自己を表現しなければならない。アスリートとは表現者なのだ」

パーシー・セラティは、選手たちに、どうやってトレーニングするのかを教えたのではなく、いかに人生を生きるかを教えた。セラティの説く哲学は、ポートシーで行なうトレーニングと決して切り離すことはできなかった。

セラティは言う。

「私の家に来る者は、息子として迎え入れる。息子のように愛し、認めてやるのだ。トレーニングはまず自然について学ぶことから始める。そして、筋力トレーニングに始まり、砂丘や冬の海、砂道や山でトレーニングすることになる。強くなり本当のアスリートになることを求める。自立し、自分の意見をもち、友人から認められるようにならなければならない。行為こそが議論の題材になるのであって、言葉や愚痴、望みだの身分だの特権だのといったものは、関係ない。裕福な者、貧しい者、教養があろうがなかろうが、皆と同じように寝て食事をとってもらう。先祖に偉い人がいただのという個人的な経歴に興味はない。仮にそうだとしても、先祖以上になることを期待するだけのことだ」

午前十一時、僕はセラティ家にある一周約一〇〇メートルの卵形のトラックにいた。セラティは、白いトランクス一つの姿でやってくると、ニヤリと笑った。

そして、静かに言った。

「走ってみなさい」

僕はトラックに立つと、誰もが当たり前に走るように、なんの警戒心も懐疑心もないまま、漠とした気持で走り始めた。それは誰もが、走ることに対する当たり前の行為のはずだった。

「ノーグット!」

言葉は激しく叫ばれた。

僕は、不可解な表情のまま金縛りにあったように、その場に止《とど》まるしかなかった。行くも戻るもできないのだ。

《僕は、ただ単に走ろうとしただけだ、誰でもがするように。走ることなど生まれてから、当たり前にやってきたではないか。赤ん坊が寝返りを打ち、這い、歩き、そしてトコトコと走り始める。学校という社会に入学すれば、走る行為は、他者との比較の論理の中で、時に酔わせ、また貶《おとし》め、優越と自虐の中で漂わせたが、僕は当たり前に走ってきたではないか……》

僕は自問する。

セラティは、僕の心模様を無視するかのように歩み寄って来ると、両手の人差指をこめかみにあて、こう言った。

「きのう、君が砂丘に走りに行くのを見た。君は知らず知らずに身につけた、人為的な走るという概念の呪縛の中で動くゾンビでしかない。君は自由か？　君は何のために走っている？　君のランニングには、自由な自分自身を表現する動きが全く欠如している。自分を知るのだ、獣のように。自分を知るのだ、虎や豹のように。自分の深い所にある、忘れてしまった野性の魂を感じろ！」

そう言うと、セラティは深く吠えてトラックを疾走し始めた。リズミカルにその場でパッと飛び上がると、そのままの高い腰の姿勢で、トラックを滑るように走ったかと思うと、突然、腕を前方に投げ出し、空気を摑み引き下ろすような動作の中で、無理なくストライドを伸ばしてゆく。深い呼吸はゆるく高く、ゆるく低く、地上にある酸素をすべて吸い込み吐き出してしまいそうだ。その姿は、豹であり馬であり、かもしかでありガゼルでもある。セラティの限りない動きに野性が宿り、彼は、野獣そのものだった。

僕はたじろぎ打ちのめされる。しかし、僕の前を疾走するセラティのすべては、僕を注視させ続けずにはおかない。一瞬過ぎる懐疑心も、この七十四歳の老人の前では、すぐにズタズタにされてしまう。

人は、そう、記号化されたヒトは、セラティをクレージーと呼ぶだろう。叫ばれる言葉は簡単だ。しかし今、言葉で表現できないこの事実を前にして、この心のもどかしさはなんなのだろうか。もしかしたら、ヒトが忘れてしまった人間という動物の本能を、セラティは余すことなく体現しているのかもしれない。

セラティは高く叫んだ。

「私は、感情的で多感だ。それらをランニングの中で表現する。ランニングとは感覚と表現だ。それを感じ、それに気付くには、自分自身の内面に振り返らなければならない。君は行儀が良く好ましい若者だ。しかし、ランニングの中では虎でなければならない。敵を喰うのだ。戦時中の日本人のように勝つか死ぬかだ。戦争は狂気だ。死に狂っている。しかし、ランニングの中だけは、死ぬことも殺すことも、そして生きることもできる。私を真似るだけではダメだ。なぜなら、私が走るとき、私はたくさんの違った野性の魂になるからだ」

僕は、再び走るように促される。そして、再び叫ばれる、〝ノーグッド！〟と……。

セラティは再び僕を置き去りにしたまま、トラックを疾走する。

その繰り返しの中で時間《とき》が過ぎ、僕は、自分が走ることができるという事実を疑い始め、最後には一歩たりとも足を踏み出すことができなくなってしまった。僕はその場に立ち尽し、行く手をただじっと見詰めていることしかできなかったのだ。

そのとき、セラティは静かに言った。

「そうだ、今、君は無垢な子供になったのだ」と。

セラティは、選手たちは、見て納得すると言う。しかし、それを自分の体で行うとなると、すぐにできない者が多い。彼らは、間違った教育、間違った方法、間違った伝統の虜になり、自由で完全な動作ができないのだ。従来の神経系のパターンを破壊し、新たな自然を背景にした神経系パターンを身につけるべきだと説いた。そして、動物や、近代から遙か遠く生きる人々について、彼が研究したことを教えた。

最初にセラティの研究対象になったのは馬だった。セラティのかつて住んだメルボルンには競馬場があった。終日、競馬場でサラブレッドを執拗に観察し、発見したのだ。競走馬は、すべて同じように走ると。確かに、馬のシルエットを重ね合わせてみると、少しの違いはある。しかし、前脚を前方に伸ばすさま、顔と首、腰から下の動き、どの馬をとってもすべて同じなのだ。馬が走るのを見ていると、激しい動きという印象を持つが、セラティには滑らかに走っているように見えた。リズミカルで優雅なのだ。頭の浮き沈みにより、蹴爪毛《けづめげ》は緩やかな弧を描き、地を蹴り上げると、蹄が芝生の小さな塊を後方に蹴り上げる。流れるように気楽に、ギャロップ走へと移行するのだ。

そしてセラティは、馬だけではなく、ガゼルや猿類などさまざまな動物を観察し、自らを実験台にして試行錯誤しつつ、ひとつの理論を創り出したのだった。

セラティはイメージする。

「素晴しく申し分のない完璧なランナーが、将来必ず現われる。歩く時も走るときも、気楽にしているのに力を発揮できる。優雅で、サラブレッドのような弾力性がある。動きにあせりというものがないのだ。ガゼルのように地上を舞い、静止できるという非現実的な才能をもつ。休み、歩き、全力疾走している時でも、その動きはしなやかではあるのに、断固たる獰猛性がある。完成仕上がると超然とし、非人間的なライオンのように君臨するのだ」

また、セラティは動物だけではなく、自らと同じ生物に注目した。現代人が文明化の中で、本能的な動きができなくなった今日、かつて、人間がもっていた野性の動きと、限りなく近い動きのできる人びと、それはアフリカを始祖とする人びとであり、オーストラリア原住民のアボリジニだとセラティは考えた。

「アボリジニが作り上げた文化には、神に対して罪の意識をもったり、罰を受けなければならないという感覚はない。何かを得ようとしたこともなければ、縄張り意識をもったこともない。貴族階級、聖職階級、政治もなく、私の見解では宗教もなかった。だから純粋な自然界に囲まれ、罪や恥の意識もなく生きているのだ。体を見てみると、進化してはいるが贅肉《ぜいにく》がなく、細身の体つきとなっている。姿勢は見事といえるほどまっすぐで、ガゼルのように宙を跳ぶことができる。立った姿勢はまさしく直立で、脊椎の伸びた位置に頭があり、ほぼまっすぐといえる。しかし、文化の発展により、その体に備わっていた優雅な動きは変化し、キリスト教という宗教の習得により、恥や罪の意識を持つようになった。走る姿を見てみると、膝を高く上げるという習慣は全くない。腕を曲げて、腕や手を胸の前を交差して振るような傾向もない。ヨーロッパの基準や文化が標準化されてしまうと、ごく普通に、そして自然に受け継いできた性質は失われる」

あらゆる題材に関する豊富な知識、人間の動きに関して独自に積み上げてきた理論、これらをバックボーンにして、セラティは自然な動作、野性の魂を持った動きを確立していったのだった。そしてそれは、五つの基本的技術となって結実する。

セラティは、僕の深いどこかにあるはずの何かに、語りかけるように話し始めた。

「必要なのは正しい動きなのであって、長時間全力で駆け回ることではない。競走馬などは、全力疾走よりも歩く練習をさせられることのほうがずっと多いのだ。我々もそうあらねばならない。私は、速く走りたければそうできる。なぜなら、私の動作は完璧だからだ。君も完璧になる必要がある。だが、筋肉が的確に動くようになるまでは、速く走るべきではない。走るたびに、かけ離れた動きになってゆくからだ。君の筋肉が新しい動きを覚え、野性に立ち還るまでには、何時間、何週間、あるいは何カ月もの訓練が必要だろう」

それからセラティは、足を正しく着地させ、腹筋と背筋を使って上体を高く保ち、腕を意識的に注意深く振ることによって、さまざまな段階のスピードを生み出す技術を、僕の目の前でやって見せた。

しかし、それらの動きは、セラティが当たり前に言う、動物やアボリジニなどの野性の本能を持つものたちの身のこなしといった、頭の中で描く平易で整然とした動きではなく、一個の野獣が、この一周約一〇〇メートルのトラックを、歩き、跳び、吠え、そして疾走するといった狂気の行為にも思えた。

セラティは、右手と左手を上下に伸ばし、体全体をストレッチさせたと思うと、その場にフワリと浮き上がった。そして、その姿勢のまま両腕を胸の前で抱え込み、その動きと連動するように肩を引き上げながら、ゆっくりと深く息を吸い込んだ。と、その瞬間、抱え込まれた両腕はゆっくりと下降し、それに伴って、ゆっくりと息が吐かれた。いや、息は吐かれたなどという生易しいものではなく、眼前の自然を切り裂き、その内部に深く分け入ってゆくような凄みがあった。それはまさに、息を吸うときは宇宙を腹の中へおさめ、そして吐くときは宇宙にめり込むように吐けという、座禅の呼吸とも通じるものだった。しかしセラティは、そういった動作を単調に繰り返しているのではなく、さまざまな動きの中で、さまざまな野性の魂を創造しながら、自然と自己を一体化させているようだった。

けれども、僕にはその一つ一つの動作が理解できないでいた。歩き、走り、呼吸してみるのだが、その動きは、近代に侵された日本人のままであった。

セラティはそのたびに、僕の目を覗き込むようにして見詰め、両手の人差し指をこめかみに当て、落胆の表情を見せながら言葉を投げ掛けた。

「君を、その日本人の教育、人種、社会、政治、あらゆる事象に対する考えから、どうやったら解放できるのか。君がそうなるまで何年もかかっている。たった数週間で一体どうしたら、今まで君が積み重ねてきたものから自由にできるのか。君は、今まで信じてきたものを、すっかり空っぽにする必要がある。そうしてから、私の哲学を学び始めるのだ」

僕は、ただわからないままに、ゾンビのような動きを繰り返すだけだった。

セラティの理論は、人間の動き、基本的な姿勢や動きは、考慮にいれなくてはならないものだった。セラティはそれを実写的な技術だと言い、動物や子供、そしてアボリジニなどを模範とした。彼らは「走り方」といった、形式に嵌められていない動きをするからだ。ランナーが、いかに動物のように走れるかという考えを、セラティは具体的に説明した。その反面、ランナーがするべきトレーニングスケジュールというものは、ほとんどと言っていい程曖昧であり、「スケジュール」という言葉に、拒絶反応を示した。そして、同じようなことを型通りにしていると、創造性や表現力を鈍らせると言った。

「何がランナーを動かすのかということを調べたほうがいい。彼らを走ることに駆り立てるものは何か。動機は何かを追求するんだ。欲望であったり、熱望していることなど調べるがいい。トップランナーのトレーニングメニューは、我々にとって良い手本とはなるが、単なる道標に過ぎない。真似るだけではだめだし、それらが我々の辿る道そのものではないのだ。覚えておいて欲しいのは、トレーニングスケジュールというものは、トップランナーが作るのであって、トレーニングスケジュールをこなすから、トップランナーが生まれるものではないんだ。一週間に四八キロ走るトップランナーもいれば、九六キロ走るトップランナーもいる。どっちを真似るんだ？　こうしたトップランナーの、共通点とは何かを探ったほうがいい。それから、彼らの根本的な天性の能力を調べるべきだ。すべての事実を迎え入れてこそ、辛く厳しい練習をしたいと思うようになる。そのために全身全霊をかけて調べるんだ」

その日もセラティは、褐色に日焼した体にトランクス一枚だけを身につけて、卵形のトラックにやってきた。そして、僕を眩し気に見詰めると優しく語りかけた。

「君は、私が何を教えてくれるのか興味があるからこそ、ポートシーへやって来た。難しいのは、その興味を持続しなければならないということだ。アホどもは皆学校へ行き、教育というものを叩き込まれるだけで、何事にも興味を示さなくなる。私は常に、自分の身の回りに起っていることに興味がある。生まれてからずっとそうだった。自分の回りをよく見なければ、何が起こっているのかもわからない。姿勢、知能、好奇心などは受け継がれるものだ。一日、二四時間、私は興味津々だ。長い距離を走るからすごいのではない。それどころかゾンビになってしまう。運がよければマラソンランナーにはなれるが。自分の人生をどうやって味付けするかが重要だ。そのためには、何かに興味を持っていなければならない。何かを捜し求めなければならないのだ。その扉を閉じてはいけない。心のままに動き、考えに従わなければならないのだ」

「きちんと理解すべき法則とは、自然そのものが神であるということだ。宇宙も神である。我々人間は、この自然の一部であり、自己の存在を認知することができるということだ。人間は物事を理解し、感情を表すという能力を神から授かった動物である。この宇宙が神であり魂だとすれば、人間はその一部なのだ。とすれば、岩や木、星や蛇もそうなのだ。すべてのものが重要な神、魂の一部なのだ。けれども人間は考えることができるため、他とは少し違っている。人間は考えて物を創り出すこともできれば、何かを破壊することもできる。そんなときは狂った猿のようだ」

セラティは、話をしている間中、体中のすべての筋肉が動いていた。指を曲げたり伸ばしたり、手は宙で何かを描き、肩は前屈みになったりする。宙を叩《たた》き切るジェスチャーをすると肘は曲がる。そして顔だ。話が変わるたびに表情を変え、ある瞬間にはライオンのように唸り、その声が聞こえなくなるまで疾走して、どこかへ行ってしまうこともあった。

戻ってくると、何事もなかったように再びセラティは、僕に語り始める。

「重要なことは、幼い頃から正しい姿勢と五つの基本的な動きができるようになり、肺をフルに活用させることを学ぶことだ。要するに姿勢と呼吸だ。この二つが走ることにおいて、一番疎《おろそ》かにされているのだ。君もこれから、五つの基本的動きを学ばねばならない」

それからセラティは、僕に走ることを促した。そして、叫ばれる、何度も叫ばれる、〝ノーグッド〟と。

「その腰掛けたような姿勢が日本人の走り方だ。疲労が激しく消耗しすぎる。すべて神経パターンに関係している。君をそのように歩き走らせる神経パターンを捨て去る必要がある。君は走るたびに、今までのパターンを強化し、新しい野性のパターンを創れなくしている。それでは、新しい神経パターンを創るのに、何十時間もかかるだろう」

「人間が生きてゆく上で、絶対に欠くことのできないものはなんだ⁉　そうだ酸素だ！　そしてランナーこそは、充分に呼吸することを、絶対に知っていなければならない。肩の上下動なしに、また、腹筋が活発に前後に動かなければ、肺に酸素を補充することも排気することもできない。酸素なしでは、筋肉は疲労し弱くなってしまうのだ」

セラティは、圧倒的多くのランナーが、肺を充分に使ってないと断じた。競技中や激しいトレーニング中に摂取すべき酸素量が足りないと言うのだ。

セラティの理論は、すべて一般的水準に従ってはいない。彼は一般常識に従わないことが、人間自身を発展させる唯一の方法だと信じていた。

「自然は正説を嫌う。変化や変動なしに進化はありえない。自然はリズムのない音を嫌い、単調な動きを嫌う。それこそが、スーパーランナーの証だ」

そして、走行中に深く息を吸い込み、吐く技術をマスターすることのほうが、練習だといって長い距離をただ走るより、遙かに価値があることだと説いた。

「一日に二〇マイル走ったからといって、入念なトレーニングをしたことにはならない。赤ん坊が、自分の親を見て歩くのを真似ることから始め、本当に歩けるようになるのだが、後には、その見本が悪いがために、不自然な動きをするようになってしまうということを、学ぶことから始めたほうがよい」

セラティが常に描くもの、それはどこにでも転がっているような、当たり前の価値をもったものではなかった。たとえば、セラティは人間の動きをゾンビのようだという。ゾンビのような動きに、何の違和感も覚えないのは、皆がしているに過ぎない。実に不自然な動きで、呼吸をする妨げになっていることに、ただ気付かないだけなのだ。

セラティは、僕を見詰めると声高く言った。

「さあ、見せてくれ！　自由と野性の魂を持ったランニングを！」

再び叫ばれる、叫ばれる、激しく叫ばれる！　〝ノーグッド〟と。

「君は全く理解していない。君は、走り方を　知らない日本人ランナーの真似をしているんだ！　いいか、世界中で教えられていることは、すべて間違っている。国粋主義や人種主義、宗教も同じことだ。しかし、人びとは皆自分が正しいと思い込み、それを証明するために戦争をするのだ。愚かなことだ！」

そう言うと、セラティは深くゆっくりと呼吸をし始めた。ゆるく高くゆるく低く、深い呼吸は辺りに響き渡った。

「深くゆっくりと、スローモーションのように呼吸するんだ。理想的なのは、四から六歩走るたびに一度呼吸することだ。二酸化炭素というものは、直ちに吐き出してしまわなければならない。用もなくなった二酸化炭素を、肺に溜めておいていいことなど何もないのだ」

僕は何度も試みる。しかし、僕の呼吸は稀薄なまま、すぐにその場で消えてしまうのだった。


セラティは主張する。

「子供というのは、肺に酸素を送り込むということが本能的にできてしまう。それは、自然に身を委ねているからに他ならない。大人が自然の中に置き去りにされたら生き残れまい。また、ゾンビのような動きをするランナーというのは、創造性に欠け、いざというときに何の対処もできない。それらの能力は、子供の頃にはまだあったのだが、何が正しく何が間違っているかを知りもせずに、社会で標準とされることに従っているから、そういうことになるのだ」

「ランナーが知っている動きというのは、せいぜい三つだ。ウォーキング、ジョギング、ランニングである。しかし、私が説く基本的な動きは五つである」

セラティは、彼自身が研究し実践した五つの基本的動作について、常に身を持って体現しながら教えた。

〈ストレッチとウォーキング〉

「この動きなくして、後の動きはできない。動き出す前には、体を上方に伸ばすのだ。右手を空に向け高く、左手を下に向け伸ばすのだ。こうすることによって、首と背中の緊張をほぐすのだ。この動きを交互に二回ほど繰り返した後、歩き出す。目は俯き加減で、一〇フィートほど先を見るのがよい。心持ち内股で歩くんだ」

〈アンブル〉

「両腕を肩の高さの所まで持ち上げ、前方に差し出し動く。このとき、両腕とも地面とほぼ平行でなければならない。肺にはだんだんと酸素が送り込まれ、筋肉がほぐれてくる。アンブルをすることにより、骨盤が自然に動くようになり、意識しなくても歩く足取りは軽くなる。両肘を曲げて固定してはいけない。力を抜いて、いつでも動かせる状態にしておく。子供が歩いている姿は、このアンブルそのものだ。走っているのではないが、次第に走るフォームへと変わって行く前の動きなのだ」

〈トロット〉

「アンブルを二回繰り返すと、トロットを始める。このとき、腕は下ろし、呼吸のリズムに合わせて動かすのだ。歩幅は後の動きとなる、キャンターとギャロップよりも狭い」

〈キャンター〉

「馬のように走るのだ。力を入れずリラックスした足取りで地面を蹴り跳ぶように走るのだ。キャンターをする時に忘れてはならないのは、上体の重心を、ほんの少し利き足のほうに置くことである。これは四本足の動物に見られる動きで、体の重心は、利き足の前脚と後脚に置かれている。エミール・ザトペックが、何とも自然にそれをやってのけていた。マラソンランナーは、その長い距離を走り抜けるために、キャンター走を少し変えるのだ。キャンターとギャロップを組み合わせた走法で、力を溜めながら走るのだ」

〈ギャロップ〉

「これが最後の、そして最も重要な動きである。競走馬がギャロップしているときのストライドは、二〇から三〇フィート。ランナーは、九フィートまでは軽々と可能であろう。このとき、腕の動きも変える。腕を胸の所まで高く振り上げると、首の筋肉が収縮する。すると、肺前葉の圧迫がとれ、肺を大量の酸素で満たすことができる。そして、肺が酸素で一杯になると、腕を脇腹まで振り下ろす。すると、二酸化炭素が吐き出されるのである。ギャロップ走で走っているときのストライドというのは、どうやって酸素を吸い込み、そして二酸化炭素を吐き出すといった動きにより異なる。利き足で踏み込んでいるときには、一方の腕が後の方向に振り下ろされている。そのときのストライドは、もう一方の足で踏み込んだときよりも、三から六インチ長いはずだ。なぜなら、そのときに肺に酸素が送り込まれているからである。ギャロップ走とは激しい動きで、力と柔軟性を必要とするのだ。これらの動きを完全にマスターすることによって、一〇〇メートル八秒、六マイルを二四分で走ることさえ可能になる。そして、これらの動きをマスターするには、上半身の力が必要になってくる。それゆえに、ウエイトトレーニングが必要なのだ」

野性の動物たちの動きを根底に、セラティは独自の走り方を創り出したが、五つの基本動作はその一部に過ぎない。セラティは、ほとんどと言っていいほど、さまざまな面から動物や人間の動きを研究し、最も自然な走り方を捜し求めた。

「自然な走りというのは、指から始まるんだ。そして足、つま先へと移って行く。手首や指をブラブラさせたところで、緊張が高まるだけだ。よくこれを、リラックスするためにするランナーは多いが、その行動をとっている時は、体の他の部分は固くなっているんだ」

自然な動きのできるランナーは、過去、僅かであるがいたと、セラティは言った。それらは、ヌルミ、ザトペック、クーツ、エリオット、ケイノ、そして、アルベルト・ファントレーナなどである。セラティの言う動きは、世の中で標準とされていた動きとは、何ひとつとして似ている部分がなく、その動きを習得しようと思えば、これまで聞いたことも、見たこともないような方法で練習しなければならない。単に走るだけでは習得できないのだ。

セラティは、その青い瞳で、僕の顔を凝視すると言った。

「君自身が見付けるんだ。私はやって見せられるだけだ！　どのコーチも何マイル走れとか、四〇〇メートルを何回走れとしか言わない。どうやって走るのかを理解し、教えられる者はいない。すべてランニング自身、自分の内面の表現である。それは、理解と知性と感情に基づくものだ。自分を知るのだ、獣のように！　馬や虎のように感じろ！　おまえは野獣だ！」

セラティは吠え、跳び、駈け回り、この無表情な日本人に野性の魂を吹き込もうと、七十四歳の枯れた肉体を躍動させた。

そして、最後にこう叫んだ。

「自由な人格を持っていないから高揚がない。人格が解放され、我々があらゆる人種、民族であることをやめないうちは、真実の高揚をもたらす精神の自由は得られないし、それができて初めて、我々は、〝地面〟を走るのではなく、〝地上〟を走るようになるのだ。私は世界人だ。私には人種もないし国粋主義もない。私はおそらく、アスリートとして世界で最も自由な人間だろう。私はどの国にも、どの人種にも、どの宗教にも属さない。私は、すべてに属しているからだ。心が自由でないうちは、動きを解放することもできないだろう。君の受けた教育が、君をほぼ完全に自由な、あるいは私と同じくらい自由な人間になるのを、妨げているのかもしれない。私は、自分が受けた教育に服従したことはかつてなく、何十年前に完全に自分を解放している。だから私は、馬やチータ、あるいはガゼル、日本人、ヨーロッパ人、そして、あらゆる人種のように感じることができる。いずれにも属さないから、すべてに属することができるのだ！」

夕暮れ、夏の太陽がまだ、南半球の空に眩しい輝きを失っていないとき、激しいスコールが、僕のセピア色に焼けた肌を打った。スコールは、真っ白な線紋を赤茶色の大地に叩き付け、真珠の粒子となって辺り一面に弾け飛び、卵形のトラックの上を走っていた僕の体を貫き、僕の肉体は一瞬にしてずぶ濡れになった。

僕はスコールの中で、自らの内面と向き合いたいという思いで、人間という動物の野性としての本能を、探し彷徨い、深い呼吸をしながらゆっくりと走っていた。

僕の肉体は、今となってはスコールそのものといってもよかった。激しい直情的な白い線紋の中で、僕は今、空と大地との間で白く融けあっているように感じられた。それはもしかすると、僕の存在そのものが、自然なる風景のひとつである。いや、ひとつという近代的単位ではなく、融け合い重なりあい彷徨い同化し、見えない有機的存在に向き合っている。そんな感覚が僕の精神を支配した。

一時の激しいスコールが、何事もなかったように空の彼方へ昇って行き、その自然のあからさまの変化の中で、ふれあい融け合っていた至福のとき、どこかで声がした。

声は、スコールによって冷却され優しくなった風にのって、僕の耳に届いた。

「それが、私の見たい練習だ」

セラティの声だった。

「そういう練習によってのみ、野性の神経パターンが脳に形成される。それがなければ、高速走行や競技中の緊張下では、すぐに以前のパターンに戻っしまう。日本人は豊富な精神力の持ち主だ。しかし、体力や酸素の欠乏、乏しい技術のために疲労しているときは、精神力は役に立たないのだ。君には充分な体力があるが、ここに来る前に野性としての魂、本来持っていた、アボリジニのような人間の本能としての技術がなかった。私のように完璧になるには、もっと練習が必要だ。今までの悪い技術を忘れ、新しいものを覚えるのだ。君は、これまでポートシーに来た大方の人よりも、よくやっている。明日から我々は、さまざまなトレーニングの段階に入る」

セラティはそう言うと、微笑んだ。

翌日から僕は、一回に少なくとも一時間から二時間、セラティからさまざまな地形におけるトレーニング方法を学んだ。
一、海岸線の多様な起伏のある道を走るトレーニング
二、砂浜を走るトレーニング

三、砂丘、特に高さ二五メートルの大砂丘を走るトレーニング
四、土の道で最高三〇マイル走るトレーニング
五、やわらかな起伏に富んだゴルフ場でのトレーニング
六、オーバルの芝地でのスピードトレーニング
七、ホールとスチュアートサーキットにおけるトレーニング

イ、ホールサーキットは、セラティ家の門の前にある灌木が生えた荒れ地にあり、所々厚い砂地の部分と、一〇から一五メートルの坂があって、その一帯は大変起伏に富んでいる。このファルトレクコースの長さは、一八〇〇メートルと少しある。

ロ、スチュアートサーキットは、正確に四〇〇メートル、前半二〇〇メートルはホールサーキットをそのまま走り、砂地の道へ出て、ラスト一〇〇メートルは、傾斜四分の一ないし五分の一の坂道を走る。

これら二つのサーキットトレーニングは、ハードなトレーニングであり、ランナーは繰り返しコースを走り、中途半端にやることは許されなかった。

セラティは、これらの多様なトレーニングを、決して強制するのではなく、選手自身が走りたい地形を選び、自主的にトレーニングに出かけてゆくのである。彼が選手に期待しているの

は、唯一、選手個人の「自由な表現」以外の何ものでもなかった。

セラティは、選手のトレーニングのやり過ぎに助言を与えるにすぎず、選手が自分で自分の事を決定し、それを速《すみ》やかに実行に移すことを望んだのだった。

セラティは、人間というものは、決して無理矢理に機械のような状態になることはできないと信じていた。しかし、人間の大多数は、トレッドミルを踏むような単調な人生を送りがちであり、深い洞察力がないために、まやかしと真実を永久に区別できない宿命にあるとも言った。大量生産と大量消費、そして、均質化と既成の権威に代表される現代が、若者の恵まれた個性と運動能力を伸ばすのに、役立たないトレーニング（生き方）を我々に押し付けていると……。

そして、自然こそが、人間の先天的能力を引き出し、効率と物質と科学万能に代表されている近代にかけているものが、満たされていると説いた。

セラティは、常に野性の本能を、いかに自らのものとするかを執拗に語った。

「砂丘を上るとき、何を考えているんだ。今日のノルマを果たすことを考えていないか。十回、二十回、三十回、その機械的な繰り返しの中で、ただ漫然と上り下りを繰り返す。確かにそこに砂丘という自然は存在する。しかし、それはただ単に都合よく合理的に砂丘を利用しているに過ぎない。動物は常に何を考えるのか。警戒心だ。ガゼルはどんな警戒心を持って生活しているのか考えたことがあるか。弱い者は強い者から、いかに逃れるためにどう生き延びるかを。強い者は弱い者を喰い、どう生きてゆくか。人間という動物が本来持っていた、鋭利な本能に問いかけながら走りなさい」

一日に三回、最低一時間、選手たちは砂丘を上り、サーキットを駆け巡り、オーバルの芝地での継続的なスピードトレーニングに集中した。そして、そのほとんどを裸足で走った。選手たちのランニングシューズは、部屋のベッドの下の暗がりに放り出され、蜘蛛の巣でも作っていそうだった。

セラティは、ときおり選手の前に現れ助言を与えた。それらは常に、ランニングにおける基本技術であり、自由な野性の本能を甦らせるための示唆だった。

「身体全体で走るのだ。脚で走るのではない。腹筋、背筋、胸筋、肩、腕は、脚を助け身体を地上に持ち上げるのを、サポートできるように鍛えられていなければならない。そして、呼吸だ。呼吸の技術を学び習得しない限り、将来当然でるはずの、一マイル三分三〇秒、五〇〇〇メートル一二分、一万メートル二五分の記録に挑戦することはできないだろう。四〇〇メートルを五五秒で何回も何回も、一マイル四分のペースで限界まで！」

「重要なことは、何事も当たり前だと考えないことだ。権威主義者のおごそかな託宣に対して、本能的に反発する人間、つまり、反逆児の要素を私は求める。今まで何度、世間で言う、飛び抜けたものだとか、絶対的だといったことに騙されたかわからない。私は、人生において何かを獲得するよりも、ひたむきに努力することの方が大事だと思う。チャンピオンを探し出すよりも、真面目な努力家をつかまえたい。大をなそうとする弱い選手のほうに、私は魅力を感じる。そして、本当に創造的な仕事をしようと思ったら、焦ってはならない。自然は急がせることができないということを、銘記すべきなのだ」

夜、夕食後の安すらぎの時間、僕は、セラティ家の居間にある書棚に手を伸ばし、一冊の本を抜き出した。何気なく開いた本は、アメリカにおける黒人の苦難と差別の歴史が表現された写真集だった。白人至上主義の秘密結社、ＫＫＫ《クークラックスクラン》の写真とともに、黒い大きな樹木の太い幹に、〝奇妙な果実〟と仮した棒のように痩せ襤褸《ぼろ》を纏《まと》った若い黒人が二人、首を吊るされているモノクロームの写真があった。僕は激しいショックにおそわれた。赤々と燃える焚き火の前では、瞳を輝かせた老若男女の貧しい農民を思わせる白人たちがいる。小さな子供たちもいる。それらが皆、カメラに向かって白い歯を見せて笑いながら、今にもダンスでも始まりそうな雰囲気で、こちらを見詰めている。瞬間、僕は、その狂気の瞳が、自分に向けられているように感じられたのだった。

そして、その写真集の末尾に、黒インクで記された文字を見付けた。

『ミスター・セラティ、あなたは、この写真を見てどう思いますか』

これを記したのは、ポートシーへやって来た、アメリカの若い黒人アスリートで、四〇〇メートルのランナーだと後で知った。

セラティは、彼の問いに、こう記していた。

『私は、このような人びとに与《くみ》しないし、このような人びとに反対する』と。

そのときだった。セラティの黒インクの文字が、僕の思考回路を駆け巡ると同時に、セラティの核心なる言葉が、僕の脳裏に甦った。

その日もセラティは、卵形のトラックで吠え、跳び、摑《つか》み、投げ、疾走し、あらゆる人間的でない表現をすると、僕の顔に自分の顔を近付け、いつもするように目を覗き込んだ。その、人を射抜くような鋭い眼光が、僕の瞳と一瞬ショートしたとき、セラティは言った。

「いいか、誰しも知らないことはあるし、偏見だってある。しかし、人が正義や良心、知識を育み、強い体をつくることを、妨げようとするのは間違っている。妨げようとする人間というのは、自分の意に反して起こることに対して神を責め、自分自身にうぬぼれるものだ。中には、生まれてきた赤ん坊が障害児であることに対して神を責め、粗野に扱われるということや、何の罪もない人たちが、爆弾投下の標的にされているという事実から目を背け、自分の便宜《べんぎ》だけを考えて生きている人間もいる。そんな奴らが、神と称えるものがある。そして、神の前にひれ伏して拝めだとか、その神に背く者は罰するだとか言っているが、そういう奴らは、無視すればよいのだ」

「このような無意味なことを信じようとする者は、子供のようにねだり、自分で努力して手にしようとしない。すべてが神から創られるということは事実であるが、すべてのものが神によって壊され、神が依怙贔屓《えこひいき》する者だけに権限が与えられ、人間の世界を支配するということは、事実とは違う。自然界では、太陽は善悪に関係なく人を照らすが、不正を働いた見返りは、目に見えない形で返ってくる。不正の証拠が、目に見えようが、見えまいが……」

僕は想像する。

ポートシー、そこは、自分自身と闘う所。自分の体を厳しいトレーニングで甚振《いたぶ》り、苦しみ掟《もが》き、半狂乱で走る日々を送り、そして、自分の体からすべての毒素《エゴ》を抜いたとき、愛と優しさが残る。

ポートシー、そこは、あらゆる人種が集い語り合い、ある時は励まし合い、あるときはさまざまな障壁を乗り越え、誰もが、他者の悲しみや傷みに思いを馳せ理解する。権威主義者によって歪められた教育や伝統や宗教ではなく、どうしたらいいのかを、〝感じ〟で知り、自分自身と自然を信頼する生き方を身につけ、自然によって教えられるのだ。そこでは人びとが、自然の中を縦横無尽に走っている。

主要参考・引用文献

『幸吉の記録』円谷幸吉記念館
「川内優輝　ぶっ倒れるまで走る男の原点」高川武将（『Ｎｕｍｂｅｒ　ＤＯ・ＲＵＮの学校』文藝春秋　二〇一二年）
『東京オリンピック・マラソンを検証する』第13回ランニング学会大会パネルディスカッション　二〇〇〇年
『マラソンの青春』君原健二・高橋進　時事通信社　一九七五年
『人生ランナーの条件』君原健二　佼成出版社　一九九二年
「手記　喜びも悲しみも長いみちのり」君原健二（『陸上競技マガジン』一九七四年十月号～一九七五年十月号　ベースボール・マガジン社）
「特集人間探訪　君原健二を探る」（『陸上競技マガジン』一九七一年四月号　ベースボール・マガジン社）
「第19回オリンピック・メキシコ大会特別号」（『陸上競技マガジン』一九六八年増刊号　ベースボール・マガジン社）
「悲劇の英雄エミール・ザトペックに聞く」（『陸上競技マガジン』一九七〇年八月号　ベースボール・マガジン社）
「天翔る男クラーク　栄光と敗北の13年」（『陸上競技マガジン』一九七〇年三月号　ベースボール・マガジン社）
『トップランナー・６５０の名言』マーク・ウィル・ウェーバー編　矢羽野薫訳　三田出版会
『欧米スポーツ名言名句１２００』バリー・リドル編　同志社大学教授樋口秀雄他訳　北星堂書店
『「挑戦」炎のランナー中山竹通の生き方・走り方』中山竹通　文・構成＝井上邦彦　自由国民社　二〇〇〇年

『長距離走者の孤独』アラン・シリトー著　丸谷才一　河野一郎訳　新潮文庫　一九七三年
『永遠のランナー瀬古利彦』瀬古利彦・小田桐誠共著　世界文化社　一九八九年
『私、プロレスの味方です』村松友視　角川文庫　一九八一年
朝日新聞　一九八七年十二月六日
朝日新聞　一九八七年十二月七日
朝日新聞　一九八八年三月十七日
毎日新聞　一九八八年三月十七日
日本経済新聞　二〇〇八年八月二十五日
『わたし革命』有森裕子　岩波書店　二〇〇三年
『君ならできる』小出義雄　幻冬舎　二〇〇〇年
『Qちゃん金メダルをありがとう』小出義雄　扶桑社　二〇〇〇年
『スポーツ倫理を問う』友添秀則・近藤良享　大修館書店　二〇〇〇年
『昭和キャバレー秘史』福富太郎　河出書房新社　一九九四年
『女性アスリートコーチングブック』宮下充正監修　山田ゆかり編　大月書店　二〇〇四年
『目で見る女性スポーツ白書』井谷恵子　田原淳子　來田享子編著　大修館書店　二〇〇一年
「フランク・ショーター物語」ジョン・パーカー著　渋谷鋭市訳（『陸上競技マガジン』一九七五年十月号　ベースボール・マガジン社）
「日本で女が走るということ・ランニング小史をたどって」江本嘉伸（『ランニングの世界3』二〇〇六年　明和出版企画）
「中高年ランナーへの提言・気持ち」大胡光次範（『ランニングの世界4』二〇〇七年　創文企画）

朝日新聞　二〇〇六年一月三日
朝日新聞　二〇〇八年三月十日
朝日新聞　二〇〇八年四月一日
朝日新聞　二〇〇八年十月二十九日
朝日新聞　ＧＬＯＢＥ52号　二〇一〇年十一月二十二日
東京新聞　二〇一三年五月十七日
You Tube　ガブリエラ・アンデルセン
『スポーツ中継――知られざるテレビマンたちの矜持』梅田明宏　現代書館　二〇〇八年
『テレビスポーツ50年　オリンピックとテレビの発展』杉山茂　角川インタラクティブ・メディア　二〇〇三年
『箱根駅伝に賭けた夢』佐山和夫　講談社　二〇一一年
『箱根を走った勇姿たちは、今』有吉正博編著　不昧堂出版　二〇〇四年
『駅伝がマラソンをダメにした』生島淳　光文社新書　二〇〇五年
『監督・挫折と栄光の箱根駅伝』川嶋伸次　バジリコ　二〇〇九年
「スポーツ・ジャーナリズムの憂鬱」（『Ｊｏｕｒｎａｌｉｓｍ』二〇〇九年　朝日新聞社）
「スポーツの今日を語る」（『現代スポーツ評論1』一九九九年　創文企画）
「アテネ五輪から見えた日本スポーツの未来」（『スポーツアドバンテージ・ブックレット1』二〇〇四年　創文企画）
「日本のサンクチュアリ、シリーズ４３６　箱根駅伝」（『選択』二〇一一年　選択出版）
「なぜ走るのか・箱根駅伝を生かす」櫛部静二（『ランニングの世界8』二〇〇九年　創文企画）
「いかに走るか・アスリートから指導者へ」対談・山西哲郎、高岡寿成（『ランニングの世界16』二〇一三年　創

文企画）
『走る世界』山西哲郎 一九九一年（ランナーズ）
「スポーツマネジメントの時代を迎えて」（『スポーツアドバンテージ・ブックレット2』二〇〇五年 創文企画）
「企業スポーツの撤退と混迷する日本のスポーツ」（『スポーツアドバンテージ・ブックレット3』二〇〇九年 創文企画）
「ブームで終わるな！」（『ランニングの世界5』二〇〇七年 創文企画）
「スポーツ中継、トラブル事件史」（『実話裏歴史SPECIAL・VOL21』二〇一四年 ミリオン出版）
東京新聞 二〇一四年九月二十九日
『ドキュメンタリー「走る」栄光のランナー・孤独な闘い』フランス クイブ・プロ／ラ・セット・アルテ 一九九七年 NHK BS1放送 一九九八年十月十日
『陸上競技 チャンピオンへの道』パーシー・セラティ著 加藤橘夫・小田海平共訳（ベースボール・マガジン社）一九六三年
『永遠のセラティ』山西哲郎・高部雨市共著 ランナーズ 一九八九年
『走る生活』高部雨市 現代書館 一九九六年
『WHY DIE?』GRAEM SIMS（LOTHIAN BOOKS）二〇〇三年
『MR・CONTROVERSIAL』GRAEME KELLY（STANLEY PAUL）一九六四年
『TRAINING WITH CERUTTY』LALLY MYERS（WORLD PUBLICATIONS）一九七七年

高部雨市（たかべ・ういち）
一九五〇年、東京生まれ。ルポライター。社会の表層から、置き去りにされた人々のルポルタージュを描く。
著書に『私風俗――上野界隈徘徊日誌』『風俗夢譚――街の底を歩く』『異端の笑国――小人プロレスの世界』『笑撃！これが小人プロレスだ』また、人はなぜ走るのか、自然と融合しながら自由を求める人間の生き生きとした表現としての〝走る行為〟を追求した『走る生活』（以上、現代書館）など。

クレージー・ランニング
――日本人《にほんじん》ランナーは何《なに》を背負《せお》ってきたのか？

二〇一七年九月十五日　第一版第一刷発行

著者　高部雨市
発行者　菊地泰博
発行所　株式会社 現代書館
東京都千代田区飯田橋三―二―五
郵便番号　102-0072
電話　03（3221）1321
FAX　03（3262）5906
振替　00120-3-83725
組版　具羅夢
印刷所　平河工業社（本文）
東光印刷所（カバー）
製本所　積信堂
装幀　伊藤滋章

校正協力・沖山里枝子
 ISBN978-4-7684-5812-9

http://www.gendaishokan.co.jp/

活字で利用できない方のための
テキストデータ請求券
『クレージー・ランニング』